Yekmal e. V.
Centrum für intersektionale Diversität (Hrsg.)
Kurdisches Leben in Deutschland

Yekmal e. V.
Centrum für intersektionale Diversität (Hrsg.)

Kurdisches Leben in Deutschland

Eine (un-)sichtbare Realität zwischen Rassismus, Marginalisierung und (Nicht-)Anerkennung

BELTZ JUVENTA

MIX
Papier | Fördert gute Waldnutzung
FSC® C089473

Dieses Buch ist erhältlich als:
ISBN 978-3-7799-9161-8 Print
ISBN 978-3-7799-9162-5 E-Book (PDF)
ISBN 978-3-7799-9163-2 E-Book (ePub)

1. Auflage 2025

Verlagsgruppe Beltz
Werderstraße 10, 69469 Weinheim
service@beltz.de

Satz: Helmut Rohde, Euskirchen
Druck und Bindung: Beltz Grafische Betriebe, Bad Langensalza
Beltz Grafische Betriebe ist ein Unternehmen mit finanziellem Klimabeitrag (ID 15985-2104-1001)
Printed in Germany

Weitere Informationen zu unseren Autor:innen und Titeln finden Sie unter: www.beltz.de

Inhalt

Vorwort

Mein Traum ist es, in einer Welt zu leben, in der eine Publikation, die sich mit der Diskriminierung von Kurd*innen in Deutschland befasst, überflüssig wäre. Leider leben wir nicht in einer solchen Welt. Die komplexen und vielschichtigen Dimensionen von Rassismus und Diskriminierung, denen viele Menschen ausgesetzt sind, betreffen Kurd*innen in besonders großem und spezifischem Ausmaß.

Den etwa 1,3 bis 1,6 Millionen Menschen kurdischer Herkunft in Deutschland wird ihre kurdische Identität oft abgesprochen. Immer wieder wird ihnen erklärt, sie seien: „Türk*innen, Iraner*innen oder Araber*innen". Dass das falsch ist, wissen wir. Es kann gefährlich sein, sich in der Öffentlichkeit als Kurd*in zu bekennen. Es kann Ausgrenzung und Ignoranz provozieren, wenn Menschen in gesellschaftlich öffentlichen Räumen die kurdische Sprache verwenden.

Die in dieser Publikation enthaltenen Fachartikel beleuchten die Situation von Kurd*innen in Deutschland im Kontext von Diskriminierung und Rassismus. Dies ist ein noch relativ junges Forschungsfeld, und ich möchte allen, die sich mit diesen Themen auseinandersetzen und zur Publikation beigetragen haben, meinen herzlichen Dank aussprechen.

Mit dieser Publikation möchten wir den Diskurs erweitern und die Perspektiven von Kurd*innen sichtbarer und hörbarer machen, damit zukünftig nicht über uns, sondern mit uns als wichtige Ansprechpartner*innen gesprochen wird. Wir haben die Expertise und das Wissen, um Ungleichbehandlung sowie Mehrfach-Diskriminierung besser zu vermitteln. Wir können Handlungsempfehlungen für eine Gesellschaft geben, die sich für Vielfalt, Gleichberechtigung und Teilhabe wertschätzend und rücksichtsvoll einsetzt.

Als Verein der Eltern aus Kurdistan in Deutschland (Yekmal e. V.) ist es unser Wunsch, dass alle Menschen friedlich und respektvoll zusammenleben. Zusammen mit politischen und zivilgesellschaftlich Kräften braucht es ein Engagement gegen Diskriminierung und Rassismus, bei dem wir solidarisch zusammenstehen und unsere Gesellschaft inklusiv weiterentwickeln und soziale Trennungen überwinden.

Zum Schluss möchte ich mich bei meinem Kollegen Merih Ergün, Leiter des Centrums für intersektionale Diversität und bei Matthias Hofman herzlich bedanken. Ohne ihre Arbeit und ihr Engagement wäre diese wertvolle Fachpublikation nicht möglich gewesen.

Ihre *Günay Darici*
Geschäftsführung vom Verein der Eltern aus Kurdistan in Deutschland, Yekmal e. V., März 2025

Einleitung

Rechtsextremismus und Rassismus treten seit geraumer Zeit viel deutlicher in der „Mitte“ der Gesellschaft auf. Aggressive rassistische Positionen wurden und werden bis in die breite Öffentlichkeit der Gesellschaft hinein vertreten, auch wenn sie wissenschaftlich nicht haltbar sind. Rechtsextremist*innen verspüren Rückenwind und üben immer offensiver Gewalt aus – so auch im digitalen Netz und in den sozialen Medien. Dies zeigte sich bspw. während des Wahlkampfes zur Bundestagswahl 2025. Er war geprägt von einer rassistischen Verknüpfung der Themen Innere Sicherheit und Migration, ähnlich wie in den gesamten Mediendarstellungen.

Mit dem vorliegenden Sammelband zum Thema Antikurdischen Rassismus wollen wir einer interessierten Öffentlichkeit Diskursbeiträge zugänglich machen, die die Wirkungsmächtigkeit von Rassismus gegen Kurd*innen erforscht und beschreibt.

Rassismus gilt heute als eine hierarchisierende Bewertung sozialer Gruppen, die für diese Gruppen nicht nur affektive, sondern auch politische, gesellschaftliche, gesundheitliche und wirtschaftliche Konsequenzen hat und systematische Ausschlüsse aus Positionen, die gesellschaftliche Strukturen verändern könnten, produziert. Im Kern ist Rassismus somit eine Dominanzstruktur[1], in der die vermutete biologische oder kulturelle Überlegenheit einer oder mehrerer sozial hegemonialer Gruppen konstruiert wird, um die soziale Ungleichheit anderer Gruppen zu rechtfertigen oder zu veranlassen.[2]

Rassismus in Deutschland richtet sich gegen eine Vielzahl von Menschen mit Flucht- und Migrationsgeschichte, Schwarze Menschen, PoCs muslimischen Glaubens, gegen Sinti*zze und Rom*nja, asiatisch gelesene Menschen etc.

Es ist in den letzten Jahrzehnten trotz zahlreicher Widerstände gelungen, Rassismus und Diskriminierung im Allgemeinen und Anti-Schwarzen Rassismus im Besonderen deutlicher zu thematisieren und Gegenstrategien zumindest zu

1 Vgl. Birgit Rommelspacher, Was ist eigentlich Rassismus?, in: Claus Melter/Paul Mecheril (Hrsg.), Rassismuskritik. Rassismustheorie und -forschung, Bd. 1, Schwalbach/Ts. 2009, S. 25–38, hier S. 26.

2 Vgl. Philomena Essed, Multikulturalismus und kultureller Rassismus in den Niederlanden, in: Institut für Migrations- und Rassismusforschung (Hrsg.), Rassismus und Migration in Europa, Hamburg 1992, S. 373–387, hier S. 375.

diskutieren.[3] Im Zuge der Kulturalisierung rassistischer Zuschreibungen[4] und der Abwehr dagegen wurde der Begriff des antimuslimischen Rassismus geprägt. Während der Corona-Pandemie wurden vermehrt asiatisch gelesene Menschen rassistisch angegangen und angegriffen, so dass der Begriff des Antiasiatischen Rassismus Eingang in kritische Diskurse fand. Im ‚Lagebericht Rassismus in Deutschland' der Bundesregierung vom Januar 2023 werden in einzelnen Kapiteln Anti-Schwarzer Rassismus, Antimuslimischer Rassismus, Antiziganismus, Antiasiatischer Rassismus und Antisemitismus als benachbarte Phänomene benannt.[5] Was nicht benannt wurde: Antikurdischer Rassismus.

Kontroverse Debatten entstehen oft beim Diskutieren dieser verschiedenen Rassismusformen. Durch das Vergleichen komplexer Zusammenhänge werden zwar historische Kontinuitäten hergestellt und es erfolgt eine Sichtbarmachung, gleichzeitig besteht die Gefahr, andere Ausdrucksformen von Rassismus ungewollt zu nivellieren oder gleichzusetzen.[6]

Dies zeigt aus unserer Sicht beim Versuch und in der Schwierigkeit, in der postmigrantischen Gesellschaft verschiedene Formen von Rassismus miteinander in Beziehung zu setzen, weil mit den unterschiedlichen Emanzipationsprozessen marginalisierter Gruppen der Kampf um Sichtbarkeit, Anerkennung und politischer Teilhabe zunimmt. Dies erschwert, eine konstruktive Debatte über Rassismus zu führen, ohne dass sich eine marginalisierte Gruppe benachteiligt fühlt. Als Herausgeber der Publikation ist es uns wichtig, obwohl wir den Fokus zielgerichtet auf Antikurdischen Rassismus richten, das Phänomen in seiner ganzen Dimension intersektionaler auszuleuchten, weil wir die Notwendigkeit sehen, den gemeinsamen gesellschaftlichen Kampf gegen Rassismus solidarisch mit anderen betroffenen Communities dekolonial führen zu wollen.

Der Emanzipationsprozess der weltweiten kurdischen Community um Anerkennung und Teilhabe – insbesondere in Deutschland – verdeutlicht diesen komplexen Diskurs. Diese Publikation richtet den Fokus auf die spezifischen und intersektionalen Rassismuserfahrungen kurdischer Menschen in Deutschland.

---

3 Das Allgemeine Gleichbehandlungsgesetz (AGG) auf Bundesebene und das Landesgleichstellungsgesetz im Land Berlin sind hier als Meilensteine zu nennen.

4 Ganzen Gruppen, konkret sehr häufig Menschen muslimischen Glaubens, wurden und werden in rassistischer Manier defizitäre Zuschreibungen „zugeordnet". Die Strategie der Kulturalisierung zielt darauf ab, *nichtweißen* Menschen rassistische Vorurteile zuzuschreiben, ohne ihre Hautfarbe direkt benennen zu müssen.

5 https://www.integrationsbeauftragte.de/resource/blob/1864320/2157012/77c8d1dddeea760bc13dbd87ee9a415f/lagebericht-rassismus-komplett-data.pdf?download=1

6 Vgl. Naika Foroutan (2020): Rassismus in der postmigrantischen Gesellschaft, in APuZ – Aus Politik und Zeitgeschichte. https://www.bpb.de/shop/zeitschriften/apuz/antirassismus-2020/316760/rassismus-in-der-postmigrantischen-gesellschaft/, zuletzt geprüft am 21.03.2025

In Deutschland leben schätzungsweise 1,5 Millionen Kurd*innen.[7] Alleine der Umstand, dass keine genauen Zahlen seitens der Bundesbehörden vorliegen, weist darauf hin, dass Kurd*innen von staatlicher Seite nicht als eigenständige Community in der Einwanderungsgesellschaft wahrgenommen werden, zumindest nicht gleichrangig zu anderen Communities. Argumentiert wird immer wieder mit der fehlenden kurdischen Staatsbürgerschaft. Kurd*innen aber einfach zu den Staatsbürger*innen der Länder zu rechnen, unter deren Besatzung (als Folge kolonialer Grenzziehungen) sie leben müssen, ist eine Fortsetzung der Entrechtung, Unsichtbarmachung und Zwangsassimilation, die von diesen Staaten (in unterschiedlicher Intensität) betrieben wird.

In den Diskussionen, die im Zusammenhang mit der Entstehung des vorliegenden Sammelbandes entstanden sind, haben wir immer wieder reflektiert und uns mit anderen ausgetauscht, welche Begrifflichkeiten die passenden sind. Für den Begriff Antikurdischer Rassismus spricht, dass er bereits vielfach seit einiger Zeit in der kurdischen Community von den betroffenen Menschen verwendet wird. Erst seit kurzer Zeit taucht dieser auch in der Migrationsforschung als Begriff auf. Ähnlich wie Antimuslimischer und Antiasiatischer Rassismus verdeutlicht der Terminus, dass Kurd*innen in besonderer Weise von Rassismus betroffen sind. Da gerade Kurd*innen bereits aus ihren Migrations- und Fluchtländern historisch diskriminiert wurden, trägt die Verwendung des Begriffes Antikurdischer Rassismus dazu bei, dass Rassismusdefinitionen, die darauf aufbauen, dass Rassismus ausschließlich eine *weiße* Ideologie ist und auch nur von *weißen* Menschen ausgeübt werden kann, verschoben werden. Der Sammelband versucht die Wirkungsmächtigkeit von Dominanzkulturen auch im BIPOC-Kontext aufzuzeigen. Stattdessen können rassistisch argumentierte Diskriminierungen in der Folge als Rassismus bezeichnet werden, auch wenn sie von PoCs gegen PoCs gerichtet sind, weil sie einen historischen und regionalen Ursprung haben. Dabei ist es wichtig, wo – räumlich – der Kontext der Diskriminierung entstanden ist, und wie dieser auch in der Diaspora bzw. in einem neuen Einwanderungsland (z. B. in Deutschland) reproduziert werden kann. Auch wenn der Antikurdische Rassismus von einer Community reproduziert werden kann, welche gleichzeitig im selben Einwanderungsland ebenfalls Rassismus erfährt.[8]

Auch alternative Begriffe wie *Antikurdismus* (als Sammelbegriff für alles antikurdische), *Kurd*innenfeindlichkeit*, *Antikurdistanismus* (die Ablehnung eines eigenen Staates Kurdistan) oder *Diskriminierung von Kurd*innen* haben

---

7 Vgl. Hofmann 2018; S. 440 (Schätzung für 2018: 1,3 Millionen)

8 Mit den Begriffen Antimuslimischer bzw. Antiasiatischer Rassismus hat diese Definitionsverschiebung in den letzten Jahren schon stattgefunden, so dass wir in der Verwendung des Begriffes Antikurdischer Rassismus keine Zäsur sehen, wohl aber eine Verstärkung einer folgenreichen Verschiebung des Begriffes Rassismus, da nun nicht nur *weiße* Menschen Rassismus senden und bspw. nach einer Konvertierung zum Islam, selbst Rassismus erfahren können.

wir diskutiert. Für uns stellt sich die Frage nach der passendsten Begrifflichkeit / den passendsten Begrifflichkeiten als noch nicht geklärt, da diese Debatte noch nicht abgeschlossen ist und vielleicht auch nie abgeschlossen sein wird. In den Texten dieses Buches wird der Begriff Antikurdischer Rassismus verwendet, weil die jeweiligen Autor*innen sich dafür entschieden haben, und vor allem auch deshalb, weil Kurd*innen ihre spezifischen diskriminierenden Erfahrungen selbst als Rassismus benennen, auch dann, wenn sie von anderen PoCs ausgehen.

Wir danken allen Autor*innen, die diesen Sammelband ermöglicht haben und ihre Forschungsergebnisse für interessierte Leser*innen in diesem Rahmen zugänglich machen. Dem Verlag Beltz Juventa danken wir für die Unterstützung bei der Veröffentlichung dieses Buches.

Berlin, 21. März 2025

Merih Ergün und Matthias Hofmann
Yekmal e. V. und das Centrum für intersektionale Diversität (CiD, der Antidiskriminierungsbereich von Yekmal)

Mehrdimensionale Sprachlosigkeit – ein vielschichtiges Phänomen im Kontext des Antikurdischen Rassismus, oder: *„Du hast keine Sprache, euch gibt es nicht."*

Çinur Ghaderi

Einleitung

> *„Was passiert, wenn man nicht mehr reden kann und gezwungen ist, zu schweigen?"*, fragt die Künstlerin Cemile Sahin, und weiter: *„Wie geht man mit dem Verlust einer Sprache um? Mit der Sprache, die man kennt, in der man früher sein Leben ausgedrückt hat? In der man gedacht, gefühlt, gegessen und geliebt hat?"*[1]

Der Schriftsteller Bachtyar Ali hat für seine Romanfigur Ali Ihsan dialektisch die gewalttätigen Verhältnisse vertauscht: Dieser steht morgens auf und kann unerwartet nur noch kurdisch sprechen in einer Umgebung, in der kurdisch verboten ist und die er zuvor aktiv mitgeschaffen hatte.[2] In diesen künstlerischen aufgearbeiteten Beispielen wird deutlich, dass Sprachlosigkeit im Kontext kurdischer Zugehörigkeiten mehr ist als eine Sprache nicht zu sprechen: Es ist gewaltig, existentiell und vielschichtig.

Diese Sprachlosigkeit ist eine Folge generationenübergreifender Erfahrungen struktureller Ungleichheit, die auch in der Migrationsgesellschaft ihre Abdrücke zeigt und neue schafft. Dabei geht es nicht nur um das fehlende Beherrschen der kurdischen Sprache, sondern um ein komplexes Geflecht aus individuellen, institutionellen, politischen und historischen Dimensionen. Sie ist das Ergebnis einer Kontinuität von Narrativen, die durch die systematische Verdrängung und

1 Cemile Sahin: „Verrückt vor Sprachlosigkeit", Die Zeit, 29.12.2017; https://www.zeit.de/kultur/2017-12/kurden-tuerkei-muttersprache-identitaet-10nach8

2 Bachtyar Ali: Ali (2020): „Die Eroberung der Dunkelheit" (in kurdischer Sprache „Dâgîrkirdinî Tarîkî"), S. 8. Der Autor beschreibt sein Werk als eine Form des Widerstands gegen das Vergessen, als eine Erkundung der eigenen Identität mittels der Linse kolonialer Erzählungen.

Vernichtung der Sprache (Linguizid)[3] begründet, durch Sprachdiskriminierung (Linguizismus) fortgesetzt und schließlich in der mehrdimensionalen Sprachlosigkeit sichtbar wird. Diese mehrdimensionale Sprachlosigkeit stellt eine fortwährende Form epistemischer Gewalt (Brunner 2020) dar.

Sprachen sind weltweit in soziale und politische Machtstrukturen eingebettet. Gesellschaftliche Gegebenheiten und historische Entwicklungen beeinflussen maßgeblich die Wahrnehmung und Stellung einer Sprache. Besonders deutlich wird dies bei Minderheitensprachen. Der Umgang mit einer Sprache und der damit verbundenen Mehrsprachigkeit in einer Migrationsgesellschaft ist stark von ihrem Prestige abhängig. Sprachen wie Romani, Kurdisch und Berberisch sind aufgrund migrationsbedingter und historischer Marginalisierung oftmals „unsichtbar" und „unhörbar" geworden, und ohne eine nationalstaatliche „Stimme" in der Weltpolitik (vgl. Lüdi 2008). Um die kurdischen Sprachgeschichten und ihre gegenwärtigen Auswirkungen in der Migrationsgesellschaft in Deutschland nachvollziehbar zu machen, beginnt dieser Beitrag mit den historischen Entwicklungen und leitet dann transnational über zu der Situation in Deutschland. Diese Geschichte der Sprachdiskriminierung des Kurdischen und ihrer Dynamiken kann hier nur skizziert werden. Ein Aspekt, der hier schon hervorgehoben werden soll, ist, zu zeigen, wie „historische Verletzungsverhältnisse" (Straub 2014), die ihren Grundstein bereits in der Kolonialzeit haben, in den Nationalstaaten fortgesetzt werden und in der postmigrantischen Gesellschaft Wirkungen entfalten. Die Wissenschaften (hier als Beispiele die Linguistik und die Migrationspädagogik) greifen die Erfahrungen nur rar und zaghaft auf – was nicht nur die Aufarbeitung und Auseinandersetzung nicht unterstützt, sondern selbst zur epistemischen Gewalt in der Wissenschaft beitragen könnte.

Um die Vielschichtigkeit dieser Sprachlosigkeit zu beschreiben, sollen zunächst einführend und einordnend …

1. die historischen Entwicklungslinien der kurdischen Sprachgeschichte und die Erfahrungen von Linguizismus skizziert werden,
2. ein Blick auf die Rolle der (Sprach-)Wissenschaften und Diskriminierungsverhältnisse über Sprache in der Migrationsgesellschaft erfolgen, ehe dann

3 Linguizid bezeichnet die gezielte Vernichtung einer Sprache durch bewusste und systematische Unterdrückung. Es handelt sich um einen gewaltsamen sprachlichen Auslöschungsprozess, bei dem eine Sprache durch politische, soziale oder kulturelle Maßnahmen systematisch verdrängt und zum Verschwinden gebracht wird. Im Gegensatz zum natürlichen Sprachtod erfolgt der Linguizid absichtlich und zielgerichtet, meist im Kontext kolonialer Unterdrückung oder ethnischer Konflikte. Die Methoden reichen von Sprachverboten über Diskriminierung bis hin zur Verhinderung der Sprachweitergabe an nachfolgende Generationen (vgl. Skutnabb-Kangas 2002).

3. die Erfahrungen mit Kurdisch/kurdischer Sprache der Kurd*innen in Deutschland und ihre mehrdimensionale Stimm- und Sprachlosigkeit im Kontext kurdischer Zugehörigkeiten, die sich in einer qualitativen Studie der Autorin kristallisieren, skizziert werden.

Diese Artikulationen und ihre theoretische Einbettung geben Impulse für weitere Forschung und Praxis.

1. Historische Dimensionen: Kurdische Sprachengeschichten

1.1 Faktencheck kurdisch: Wer, wo, wie?

Die kurdische Sprachgeschichte ist geprägt durch politische, soziale und geografische Faktoren. Kurdisch gehört zur nordwestlichen Gruppe der iranischen Sprachen (Sheyholoslami 2015, S. 31). Als Makro-Sprache[4] umfasst sie mehrere Varietäten bzw. Varietätsgruppen. Eine gängige Klassifizierung der kurdischen Sprachvarietäten identifiziert fünf primäre Dialektgruppen: Kurmandschi (Kurmancî), Soranî, Südkurdisch, Zazaki und Gorani (ebd., S. 30). Die Schätzungen der Anzahl Kurdisch sprechender weltweit variiert zwischen 30 und 40 Millionen.[5] Trotz ihrer numerischen Stärke wird die Sprache durch die geografische Aufgliederung in bzw. die Grenzziehung um nationalstaatliche Gebilde als Folge der Kolonialisierung und die Verteilung ihres Sprachgebietes bzw. ihrer Sprecher*innen auf mindestens fünf Nachbarländer (Türkei, Iran, Irak, Syrien und Armenien/ehemalige Sowjetunion) sowie die unterschiedlichen Politiken dieser Staaten geschwächt. Die Bezeichnung Kurdistan meint hier demgegenüber die Gesamtheit der Regionen, in denen historisch gewachsen Kurd*innen leben und kurdische Sprachen gesprochen werden sowie im politischen Sinne die Selbstbezeichnung von Kurd*innen der Gebiete und Territorien, die zur Autonomen Region Kurdistan zählen (oder für die Gründung eines eigenständigen kurdischen Staates beansprucht werden).[6]

---

4 Kurdisch ist in der ISO-Norm 639 als „Makrosprache“ eingestuft. Im Kontext der Sprachencodierung nach ISO 639-3 bezieht sich Makrosprache auf eine Gruppe von Sprachen mit gemeinsamen Merkmalen. Für Kurdisch bedeutet der Begriff „Makrosprache“ eine Klassifizierung, die die Komplexität und Vielfalt der kurdischen Sprachlandschaft widerspiegelt. Kurdisch wird als Makrosprache betrachtet, die mehrere eng verwandte, aber teilweise unterschiedliche Sprachvarianten umfasst. (https://www.ethnologue.com/language/kur)

5 Vgl. [Language and Speech Technology for Central Kurdish Varieties](https://aclanthology.org/2024.lrec-main.877/) (Ahmadi et al., LREC-COLING 2024); Feryad Fazil Omar, Institut für Kurdische Studien https://www.ifkurds.de/de/die-kurdische-sprache.html

6 Zudem gibt es eine Provinz Kurdistan im Iran sowie die Bezeichnung Rotes Kurdistan für die autonome Provinz in der ehemaligen Sowjetunion, die von 1923 bis 1929 bestand.

Der Historiker und Kartograf Michael Izady hat den bisherigen Forschungsstand zur kurdischen Sprache in den folgenden Abbildungen detailliert illustriert (vgl. auch Izady 1993/2009). Für eine bessere Lesbarkeit der Grafiken in Farbe sei auf das E-Book verwiesen.

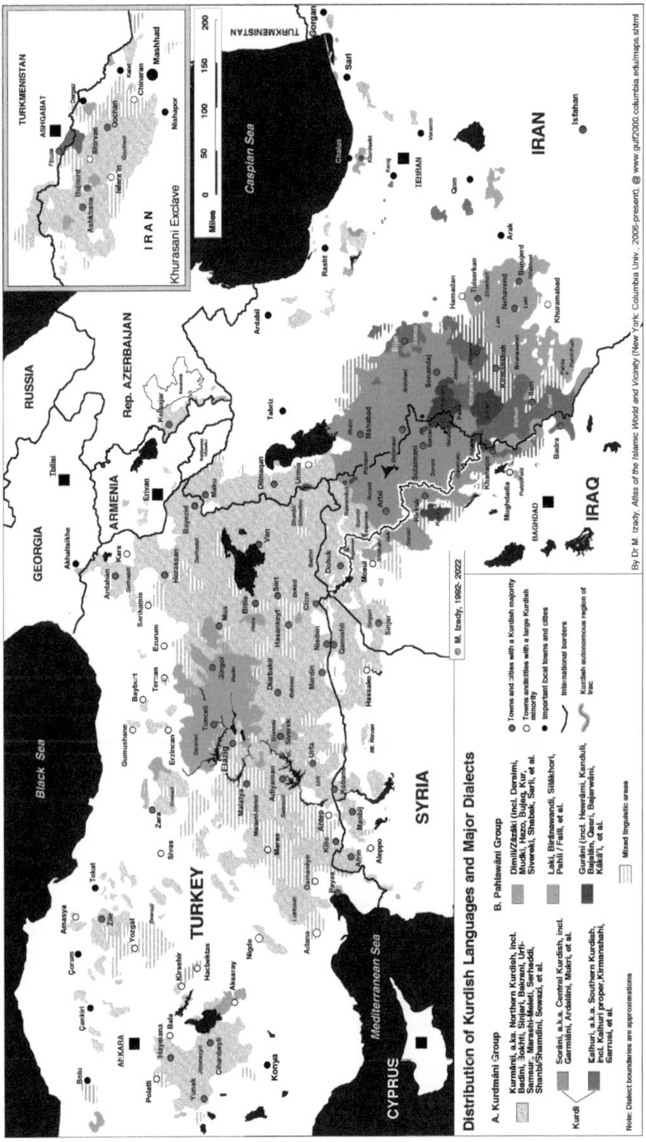

Der Linguizid an der kurdischen Sprache wird auch auf dieser Karte sichtbar. Verbote der kurdischen Sprache wirkten sich auch auf Ortsbezeichnungen aus. Auf der Karte steht der Name „Tunceli" statt „Dersim". Die Umbenennung erfolgte 1935 und war Teil einer gewaltsamen Assimilierungspolitik, insbesondere gegenüber Alevit*innen. Der Umbenennung folgten die brutale Niederschlagung des Dersim-Aufstands und die Massaker an den Dersimis in den Jahren 1937/38. Ein Forschungsprojekt der Ruhr-Universität Bochum widmete sich der Aufarbeitung. (vgl. Projekt „Dersim 1937/38"; https://www.sowi.ruhr-uni-bochum.de/dersim/)

Fig.2b: GENEOLOGY OF KURDISH LANGUAGE IN THE CONTEXT OF THE IRANIC BRANCH OF THE INDO-EUROPEAN FAMILY OF LANGUAGES

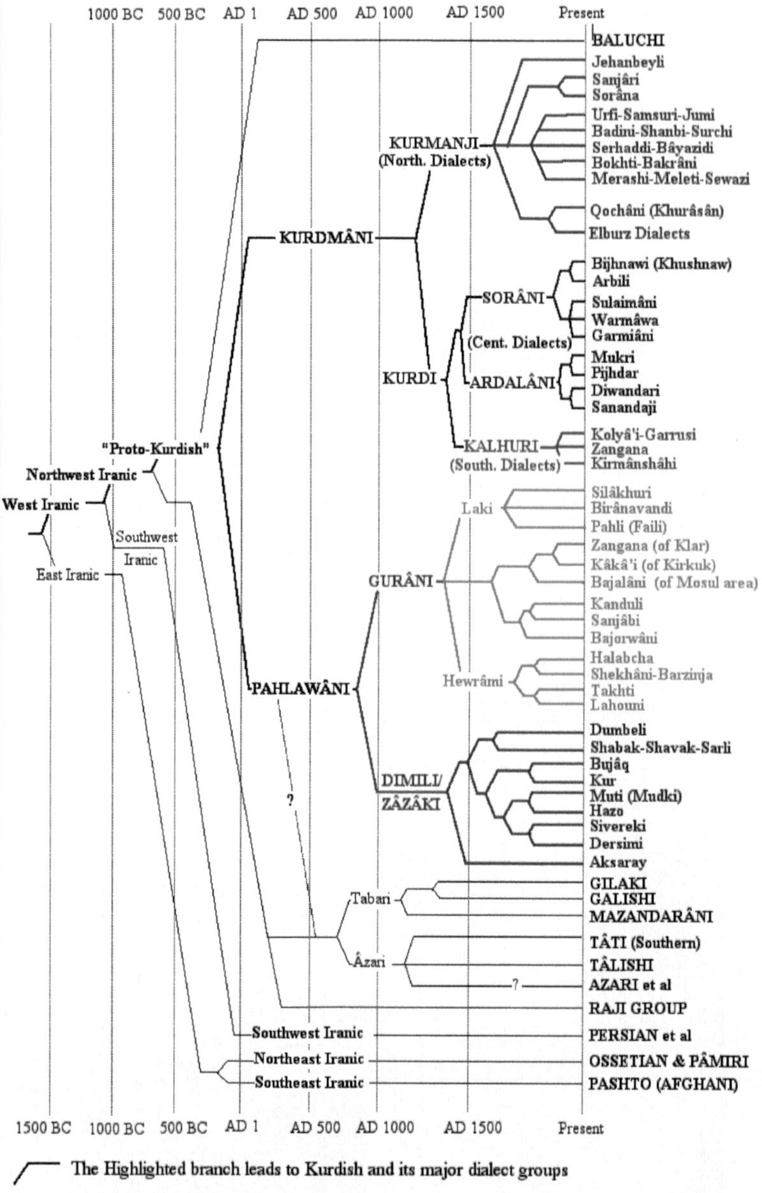

Remarks; Only the Kurdish group is shown in detail and in color. Dates for separation of each branch is rough approximation

By Dr M. Izady, *Atlas of the Islamic World and Vicinity* (New York: Columbia Univ., 2006-present), @ www.gulf2000.columbia.edu/maps.shtml

Als ausgewählte Bibliography zu dieser Grafik gibt M. Izady an: "C.J. Edmonds, "A Kurdish Newspaper: Rozh-i-Kurdistan," *Journal of the Central Asian Society* XI-i (1924); C.J. Edmonds, "A Bibliography of Southern Kurdish, 1920–36," *Journal of The Royal Central Asian Society* XXIV (1937); C.J. Edmonds,

"Bibliography of Southern Kurdish, 1937–1944," *Journal of the Royal Central Asian Society* XXXII (1945). Some very valuable surveys of the Kurdish press and journalism have appeared in Kurdish and other Middle Eastern languages (except for Edmonds, I am unaware of anything comprehensive or otherwise, in English). Some of these are Abduljabbâr Jabbâri, *History of Kurdish Journalism* (Sulaymânia, Iraq, 1970); Najmadin Malâ, "History of printing press in Sulaymânia," *Zhin* 30-1232 (Baghdad, 1955); Muhammad Malâ-Karim, "Brief Review of the Open Kurdish Press," *Al-Ta'âkhi* (Baghdad, June 15, 1970); Amir Hassanpour, "The Language Factor in National Development," unpublished doctoral thesis (Urbana: University of Illinois, 1989), particularly chapter 7; Alâuddin Sajjâdi, *History of Kurdish Literature* (Baghdad, 1971); Jamâl Khazânadâr, *Kurdish Journalism Guide* (Baghdad, 1973). A valuable survey of works done on the topic of Kurdish languages to 1960 is Ernest McCarus, "Kurdish Language Studies," *The Middle East Journal* (Washington, Summer 1960). Joyce Blau's work *Les Kurdes et le Kurdistan: Bibliographie Critique*, 1977–1986 (Paris: Institute Français de Recherche en Iran, 1989), is an extensive annotated bibliography of titles that have appeared on Kurds, but most specifically on their literature, language, and political affairs. A good portion of the cited works are in English and other European languages."

1.2 Sprachgeschichten in den Nationalstaaten

Im Irak ist Kurdisch neben dem Arabischen offizielle zweite Amtssprache. Kurdisch erhielt unter dem britischen Kolonialismus als lokale Minderheitensprache begrenzte Anerkennung (vgl. Sluglett 1976). Dabei wurden die beiden Varietäten des Kurdischen das Soranî (Zentralkurdsich) und Bahdînî (Kurmancî) unterschiedlich gehandhabt: „*Sorani Kurdish gradually became the language of education, media and even the public sphere, especially in the Sulaimani region. Badini remained to be used in the private domain only.*" (Sheyholoslami 2015, S. 31). Aktuell gibt es in irakischen Verfassungsentwurf keine Verweise auf diese konkurrierende Stellung von Soranî und Bahdînî. Beide Varianten werden mit einer Erweiterung des arabisch-persischen Alphabets geschrieben.

Während der irakischen Monarchie (1921–1958) und in den ersten Jahrzehnten der Republik gab es keine offizielle Anerkennung der kurdischen Sprache. Mit Beginn des Autonomiestatut 1970 wurde damit begonnen, Kurdisch als offizielle Sprache in Kurdistan einzuführen. Das Abkommen (auch bekannt als „Manifest vom 11. März") sah vor, dass Kurdisch neben Arabisch zur offiziellen Sprache in Gebieten mit kurdischer Mehrheit werden sollte. Doch während der Baath-Ära folgte eine aggressive Arabisierungspolitik, die dazu beitrug, Kurdisch zu marginalisieren. Tausende von Dörfern wurden in einem Genozid, der als Al-Anfal bekannt wurde, zerstört. Diese gewalttätigen Entwicklungen haben die ländliche Basis der Sprache geschwächt. Nach der Gründung der Kurdischen Regional Regierung (KRG) im Jahr 1992 wurde Kurdisch zur Amtssprache von Irakisch-Kurdistan. 2005, in der neuen irakischen Verfassung, wurde Kurdisch neben Arabisch als zweite Amtssprache des gesamten Irak festgeschrieben. Außerhalb des Irak hat das Kurdische in keinem Staat den Status einer Amtssprache. Weitere Dialekte, die gesprochen werden sind Südkurdisch (u.a. Faili) und Gorani/Hawrami. Die Dialektvielfalt, nicht nur in Bezug auf Soranî und Bahdînî, ist insofern von Bedeutung, als sie eine anhaltende Herausforderung für die Autonome Region Kurdistan darstellt. So fordern Gorani-Sprecher*innen ihre Sprachrechte ein. Êzid*innen, die den Shingali-Dialekt (Kurmancî) sprechen, gewichten diese mehr. In Shingal leben mehrheitlich Êzid*innen. Nach dem Genozid durch den sogenannten Islamischen Staat im Jahr 2014 hat sich der Umgang mit der Selbstbezeichnung teils verändert. Die Betonung und Bewahrung von Shingali ist eng mit der kulturellen Identität und dem Überleben der êzidischen Gemeinschaft verbunden. Diese Vielfalt des Kurdischen für sich zu würdigen oder so zu integrieren, dass sie keine Spaltungen oder Hierarchisierung der Sprecher*innengruppen hervorrufen, bleibt eine politische Aufgabe der Regionalregierung.

In der Türkei ist die Zeit der aggressiven Verbots- und Assimilationspolitik zwar vorbei, doch die physische und symbolische staatliche Gewalt gegen die kurdische Sprache währte acht Jahrzehnte und wirkt sich bis heute aus. Kurdisch war während des Kemalismus stark unterdrückt und dessen Nutzung war seit der Gründung der Republik 1923 verboten. Das staatliche Vorgehen gegen die kurdische Sprache zwischen 1920 und 1985 umfasste Kriminalisierung (das Sprechen wurde als Verletzung der „Unteilbarkeit" der türkischen Nation betrachtet), Dialektisierung (die Behauptung, Kurdisch sei keine Sprache), sowie ihre Entintellektualisierung und Marginalisierung als „bäuerlicher, unkultivierter Dialekt" (vgl. Hassanpour et al. 2021, S. 12). Diese Maßnahmen führten zu einem massiven Verlust der Sprache, insbesondere in städtischen Gebieten. Dieses jahrzehntelange Verbot und die Assimilationspolitik verhinderten ihre Entwicklung. Kurmancî blieb durch mündliche Überlieferung erhalten, doch für viele Kurd*innen blieb es schwierig, ihre Sprache fließend zu lesen und zu schreiben. Unter dem Druck der Europäischen Union im Kontext des Beitrittsantrags der Türkei, brachte die türkische Regierung 1991 ein Gesetz ins Parlament ein, das das Sprechen der Sprache schrittweise und eingeschränkt legalisieren sollte. So war es weiterhin verboten, in der kurdischen Sprache zu schreiben und es blieben zahlreiche Hindernisse bestehen, beispielsweise ein Verbot bestimmter Buchstaben wie „w", „q" und „x", die als separatistisch galten. Die umfassenden Erfahrungen der Menschen, der Einfluss auf Kunst und Kultur, Medien usw. zu benennen sprengt den Rahmen dieses Beitrags, der sich vornehmlich auf die Auswirkungen in der Migration bezieht. Die linguizidalen Praktiken, die hier skizziert wurden, könnten, so Hassanour et al. (2012) laut der UN-Genozid-Konvention als Element von Völkermord angesehen werden, da sie sowohl psychisch als auch physisch (transgenerational) Schäden angerichtet haben, zur sozialen und wirtschaftlichen Marginalisierung sowie zu kognitiven und psychologischen Beeinträchtigungen beigetragen haben. Diese historische Aufarbeitung steht noch aus.

Heute dürfen Kurd*innen ihre Sprache im privaten Raum sprechen, jedoch gilt die Verwendung der Sprache in politischen Kampagnen, im Parlament oder im Bildungs- und Rundfunkbereich als Verbrechen gegen die „territoriale Integrität" des Staates. Seit 2014 ist die Lehre der kurdischen Sprache in privaten Schulen sowie, in begrenztem Umfang, als Fremdsprache im Schulsystem zulässig (vgl. Sheyholislami 2015). Die Sichtbarkeit des Kurdischen im öffentlichen Leben in der Türkei hat zugenommen. Gleichwohl bestehen weiterhin eher negative und abwertende Einstellungen gegenüber der Sprache innerhalb der Bevölkerung (vgl. Öpengin 2012, S. 160), im Bildungsbereich (Coşkun/Derince/Uçarlar 2011) und auf der Ebene der Subjektivierung rassistischen Ein- und Ausschlüsse (Hoppe 2022).

In der Türkei dominiert Kurmancî, das mit einem von Celadet Ali Bedirxan entwickelten Alphabet auf Basis des lateinischen Alphabets geschrieben wird. In einigen Provinzen wie Dêrsim, wird Zazakî, auch als Dimilî, Kirdkî und Kirmanjkî bezeichnet, gesprochen.

Im Iran wird Kurdisch legal gesprochen, die Sprache hat dort jedoch keine offizielle Anerkennung erhalten und wird benachteiligt. Amts- und Bildungssprache war und ist Farsi (Persisch). Während der Herrschaft von Reza Khan (1925–1941) wurde die kurdische Sprache aus dem öffentlichen Gebrauch verbannt. Unter Mohammad Reza Schah (1941–1979) wurde eine Lockerung der Assimilationspolitik vorgenommen. Nichtsdestotrotz blieb die Verwendung der kurdischen Sprache weitestgehend auf private und nicht-offizielle Bereiche beschränkt. Diese Behandlung des Kurdischen im Iran, die als „eingeschränkte und kontrollierte Toleranz" bezeichnet wurde, setzte sich in der Islamischen Republik Iran fort. Der Staat betrachtet sprachliche Forderungen der Minderheiten oft aus einem sicherheitspolitischen Blickwinkel (vgl. Sheyholislami 2015, S. 43). Die systematische Marginalisierung zeigte sich auch an den Universitäten, an denen eine Politik der Herabsetzungen und die Verweigerung, Kurdisch als eigenständige Sprache anzuerkennen, zur fortgesetzten Diskriminierung beigetragen haben. Im Jahr 2015 wurde die kurdische Sprache in die Liste der Studienfächer der Universitäten in der iranischen Provinz Kurdistan aufgenommen. Gleichzeitig bleibt die Ungleichbehandlung in weiten Bereichen, so dürfen Eltern ihren Kindern offiziell keine kurdischen Namen geben. Kurdische Eltern geben ihren Kindern oft zwei Namen: einen offiziellen iranischen Namen und einen kurdischen Namen für den privaten Gebrauch. Der Fall von Jina Mahsa Amini illustriert diese Praxis: Ihr kurdischer Name war Jina, aber offiziell musste sie den Namen Mahsa verwenden.

Dialekte wie Sorani, Südkurdisch und Gorani sind verbreitet, die mit einer Erweiterung des arabisch-persischen Alphabets geschrieben werden.

In Syrien war die Nutzung von Kurdisch lange Zeit eingeschränkt. Die französische Mandatsmacht (1920–1946) tolerierte das Sprechen der Sprache im Alltag und erlaubte den Kurd*innen eine begrenzte Nutzung. So waren bestimmte kulturelle Ausdrucksformen wie Radiosendungen und Veröffentlichungen in Kurmancî erlaubt, doch der Schulunterricht in kurdischer Sprache war untersagt. Nach dem Sturz von Adib asch-Schischakli im Jahr 1954 setzte eine verstärkt antikurdische Politik in Syrien ein. Im Zuge der Arabisierungsbestrebungen der syrischen Regierung wurden kurdische Musik und Veröffentlichungen beschlagnahmt, Besitzer kurdischer Materialien inhaftiert und 1962 in einer

Ausbürgerungskampagne etwa 120.000 Kurd*innen die syrische Staatsangehörigkeit entzogen. Nach der Machtübernahme der Baath-Partei führte die syrische Regierung 1973 weitreichende Verbote ein. Kurdisch durfte weder in Schulen noch am Arbeitsplatz verwendet werden. Auch kurdische Medien wurden untersagt, und kurdische Ortsnamen wurden durch arabische Bezeichnungen ersetzt. Eltern durften ihren Kindern keine kurdischen Namen mehr geben.

Die Situation änderte sich erst mit dem Beginn des Bürgerkriegs 2011. Die daraus resultierende Schwächung der Zentralregierung ermöglichte es den Kurd*innen, ihre Sprache wieder freier zu nutzen. Bis dahin war es in Syrien untersagt, die kurdische Muttersprache öffentlich zu verwenden. Seit 2014 hat sich der Status des Kurdischen in Syrien verbessert. Die Selbstverwaltung der Demokratischen Autonomen Verwaltung von Nord- und Ostsyriens (DAANES) hat Kurdisch, Arabisch und Aramäisch als Amtssprachen anerkannt. Bemerkenswert ist, dass erstmals in Syrien ein Bildungssystem in Kurdisch (Kurmancî) an Schulen und Universitäten aufgebaut wurde. Die zukünftigen Entwicklungen in Syrien bleiben ungewiss.

Kurd*innen in **Armenien** machen quantitativ den geringsten Teils an der kurdischen Gesamtbevölkerung aus. Aufgrund der kulturellen Möglichkeiten vor 1991 (vor der Gründung der Autonomen Region Kurdistans im Irak und dem Zusammenbruch der Sowjetunion) gibt es eine ganze Reihe an kurdischen Publikationen in kyrillischer Schrift (vgl. Schmidinger).[7]

Das Kurdische und seine Sprecher*innen wurden in dem heterogenen und unausgewogenen geopolitischen Machtgefüge der Region systematisch benachteiligt. Sprachliche Menschenrechte[8] wurden ihnen de facto und teilweise auch de jure vorenthalten, was eine sprachliche Fragmentierung zur Folge hatte. Durch die kolonialgeschichtlichen Grenzziehungen der Nationalstaaten in der Region sind die Sprecher*innen der kurdischen Sprachen heute über verschiedene Nationalstaaten (Türkei, Iran, Irak, Syrien und Armenien) verteilt. Die kurdische Sprache umfasst drei Hauptdialekte, zwei standardisierte Varietäten und wird in drei unterschiedlichen Schriftsystemen – arabisch, lateinisch und kyrillisch – geschrieben. Die nationalstaatlichen Entwicklungen seit 1918 haben dabei eine

7 Schmidinger, Thomas (o. J.): Sprachensteckbrief Kurdisch. https://www.schule-mehrsprachig.at/fileadmin/Redaktion/Sprachensteckbriefe/PDF/kurdisch.pdf

8 Die *Allgemeine Erklärung der sprachlichen Rechte*, auch bekannt als die *Barcelona Declaration*, wurde 1996 in Anlehnung an die Allgemeine Erklärung der Menschenrechte. auf der Weltkonferenz der Sprachenrechte in Barcelona verabschiedet. Sie umfasst eine Reihe von Rechten, die darauf abzielen, die sprachliche Vielfalt zu schützen und die Rechte von Sprachgemeinschaften zu fördern (vgl. https://www.gfbv.it/3dossier/barcelona96-dt.html); Dana Schmalz (2016) thematisiert die *komplexe Problematik der Sprachrechte* im Kontext der Europäischen Menschenrechtskonvention (EMRK) am Beispiel des Falls „Semir Güzel gegen die Türkei". Sprachrechte sind oft mit Minderheitenrechten verbunden und werfen Fragen zur Abgrenzung zwischen privatem und öffentlichem Gebrauch auf.

zentrale Rolle gespielt: Dialektgebiete wurden durch internationale Grenzen geteilt und unterliegen seither verschiedenen staatlichen Politiken, die jeweils eigene Herausforderungen mit sich bringen. Diese reichen von einer Politik des Linguizids bis hin zu Toleranz oder gar Anerkennung. Jaffer Sheyholislami (2015) spezifiziert:

> „*Each state has treated Kurdish under different policies from outright prohibition of the language (e.g. Turkey 1925–1992; Iran 1925–1941; Syria 1965–2011), to various degrees of tolerance (e.g. Iran 1942 - present; Turkey 1992 - present; Syria mid-1930s - early 1960s), and official recognition (e.g. Iraq 1930s - present [local level] and 2005 - present [national level]).*" (ebd., S. 30)

Anzumerken ist: Naturkatastrophen wie Erdbeben orientieren sich nicht an nationalstaatlichen Grenzen. Die Auswirkungen der Sprachenpolitik in der Türkei und Syrien waren zuletzt beim Erdbeben 2023 zu beobachten, als überlebenswichtige Informationen für die Betroffenen in ihrer Sprache nicht zugänglich waren (vgl. Raman 2024).

Aktuell hat Kurdisch weiterhin mit Marginalisierung zu kämpfen, allerdings mit veränderten Grundkonstanten. In der hier skizzierten Historie ist der (National-)Staat als Hauptakteur des Linguizids des Kurdischen aufgetreten. Die Globalisierung fordert den klassischen Nationalstaat heraus und führt zu ambivalenten Entwicklungen. Die globale Vernetzung der Sprecher*innengemeinschaft des Kurdischen hat wesentlich zur Stärkung und Sichtbarkeit der Sprache geführt. So haben insbesondere seit den 2000ern die Möglichkeiten durch Digitalisierung, die Verbreitung durch Satellitenfernsehen, soziale Medien und die Aktivitäten in der Diaspora[9] zur Entwicklung der kurdischen Sprache beigetragen. Zugleich führen die Marktentwicklungen insbesondere im Irak, dem einzigen Staat in dem Kurdisch Amtssprache ist, dazu, dass das Kurdische durch das Englische droht verdrängt zu werden. Die Entwicklung wird gespeist durch die politischen und ökonomischen Bedingungen, die Eltern veranlassen, ihre Kinder besser auf in der Regel englischsprachige Elite- und Privatschulen zu schicken, und sie läuft Hand in Hand mit einem nicht aufgearbeiteten internalisierten kolonialen Bewusstsein / colonized consciousness (Fanon) und lebenspragmatischen Erwägungen.

9 Vgl. Aktivitäten von Yekmal e. V.; vgl. Feryad Fazil Omar das Institut für Kurdische Studien (https://ifkurds.de/de/institutsleitung1.html); Aktivitäten von Sprachwissenschaftlern wie Abdullah Incekan, Zardest Hajo u. a.; der Verband kurdischer Lehrer in Europa; Sprachschulen wie die Adar Schule; Dastan Jasim u. a. Broschüre zu Antikurdischem Rassismus in Schulen in Berlin mit Demokratie Leben (2021) usw.

1.3 *Koloniales Vermächtnis oder zur Komplizenschaft der internationalen Politik zum Linguizid an kurdischer Sprache*

Im Rahmen ihrer Mandatsverwaltung im Irak und Syrien ab 1920 sicherten Großbritannien und Frankreich zu, die Rechte der kurdischen Minderheit zu schützen, förderten jedoch gleichzeitig die Einschränkung der Sprachrechte der Kurd*innen mit allen Mitteln. Diese westlichen Mächte, die mit der Türkei und dem Iran gegen die ehemalige UdSSR verbündet waren, schwiegen nicht nur zu der Politik des Linguizides, sondern unterstützten sie aktiv. Dies geschah trotz des Beschlusses des Völkerbundes von 1925, Kurdisch im Irak als eine offizielle lokale Sprache anzuerkennen (vgl. Hassanpour et al. 2012, S. 7).

Die diplomatische Korrespondenz dokumentiert im weiteren historischen Verlauf die Besorgnis des Vereinigten Königreichs über den kurdischen Nationalismus und die Befürchtung, dass Zugeständnisse an Kurd*innen die Interessen der „Kommunisten" begünstigen könnten. Ein Beispiel dafür ist der Artikel von Morgan Philips Price, Mitglied des britischen Parlaments, im Manchester Guardian (September 1950):

> *„There is no doubt that the Turkish method of national assimilation coupled with political freedom is bringing results, but it is a drastic remedy that only a strong Government can attempt... I doubt now if the Russians will succeed in making any mischief among the 'mountain Turks' (the Turkish name for 'their' Kurds) of Anatolia. They may be more successful however, in Persia and Iraq" (zitiert aus Bulletin du Centre d'Etudes Kurdes, No. 13, September 1950, p. 11).*

Großbritannien und Frankreich waren entschlossen, die Ausbreitung des kurdischen Nationalismus zu verhindern. Das führte zur Kriminalisierung der kurdischen Sprache in der Türkei, Iran und Syrien. Während der jahrzehntelangen repressiven Politik gegen die kurdische Sprache in der Türkei, in der der Besitz von kurdischen Musikaufnahmen und das Hören ausländischer Sendungen kriminalisiert wurden, hörten viele Kurd*innen heimlich Radio Eriwan.[10] In den Jahren der gewaltsamen Unterdrückung in der Türkei bedeutete das tägliche Programm von Radio Eriwan eine wichtige Verbindung zu ihrer Kultur und Sprache und war für die Hörer*innen ein Hoffnungsschimmer. Im Gegensatz dazu betrachteten die USA und Großbritannien dieses Programm sowie die Sendungen von Radio Baku als sowjetische Propaganda, die darauf abzielte,

10 Der Sender begann in den 1930er Jahren, regelmäßig auf Kurdisch zu senden. Die Sendungen begannen typischerweise mit den Worten „Êrîvan xeber dide" (Radio Eriwan präsentiert die Nachrichten) und konnten über Kurzwelle über die Landesgrenzen hinaus gehört werden. In Kurmancî wurden Nachrichten und Musik ausgestrahlt. Radio Eriwan, das zu Sowjetzeiten als „R. Yerevan" bezeichnet wurde, war ein staatlicher Rundfunksender in Jerewan (Eriwan), der Hauptstadt Armeniens.

„den kurdischen Nationalismus zu fördern". Aus vertraulichen diplomatischen Schreiben jener Zeit und einigen westlichen Medienberichten geht hervor, dass die USA und Großbritannien sogar darüber nachdachten, selbst auf Kurdisch zu senden, um die Wirkung der sowjetischen Sendungen zu neutralisieren. Die britische Regierung stimmte dieser Idee zu und zeigte darüber hinaus Interesse an Bevölkerungsverschiebungen und ethnischen Säuberungen unter den Kurden (vgl. Hassanpour et al. 2012). In einer geheimen Depesche der britischen Gesandtschaft in Damaskus heißt es:

> *„Realise how extremely touchy the Turks are about 'their' Kurdish minority and, indeed, one can appreciate their point of view. Such broadcasts would tend to discredit their policy of complete assimilation. The process of assimilation is going on equally, though less rapidly, in Syria. There is a possibility that it might be speeded up if the Syrians ever succeeded in increasing the population of Jezireh [a mostly Kurdish region] by a settlement of Palestinians or by other means."*[11]

Eine Folge dieser Entwicklungen war auch, dass Kurdisch in Europa und Nordamerika selten unterrichtet wurde. In den 1960er Jahren wurde Kurdisch in den USA als „strategische Sprache" eingestuft, um den kurdischen Nationalismus gegen das neue republikanische Regime im Irak zu fördern. Die Gründung des irakischen Staates unter britischem Mandat und die Unterdrückung der Sprache in der Türkei veränderten die linguistische Landschaft Kurdistans grundlegend (Hassanpour et al. 2012, S. 8). Weitere internationale Entwicklungen wie die EU-Bestrebungen der Türkei oder der Zerfall der Sowjetunion 1991 brachten gemischte Auswirkungen auf die Sprachrechte der Kurd*innen. Während in der Autonomen Region Kurdistan (Irak) Kurdisch gefördert wurde, brachen in Armenien, Aserbaidschan und Georgien kurdische Medien und Bildungssysteme weitgehend zusammen. Anzumerken ist, dass es in allen Herkunftsländern (bewaffnete) Bewegungen und Kämpfe der Kurd*innen gab, deren zentrale Forderung die offizielle Anerkennung der Sprache war (vgl. Phillipson/Skutnabb-Kangas 1996, S. 200ff.).

Das Erbe des Linguizids und der systematischen staatlichen Unterdrückung der kurdischen Sprache hat bis heute tiefgreifende Auswirkungen. Sogenannte „*Colonial language legacies*", koloniale Sprachvermächtnisse sind, so Robert

---

11 Zitiert aus Hassanpour et al. 2012, S. 11; dort angegebene Quelle: Secret dispatch No. 10622/8/50 from W.H. Montagu-Pollock, British Legation, Damascus, to G.W. Furlonge, Eastern Department, Foreign Office, 16 November 1950 [FO195/2650], reproduced in Destani (2006, S. 251). Im Original steht „their kurdish" ohne Anführungszeichen und markiert noch deutlicher die koloniale Inbesitznahme. Die Parallele zu den aktuellen Entwicklungen zur Vertreibung der kurdischen Bevölkerung etwa aus Afrin, die Türkisierung und die Ansiedlung von Palästinenser*innen weist Kontinuitäten auf, deren Aufarbeitung hier zu weit führen würde.

Phillipson und Tove Skutnabb-Kangas (1996) im Fall des Kurdischen zu betonen, da sie deutlich machen, wie der Anspruch auf sprachliche Menschenrechte delegitimiert und kriminalisiert wird: „*how a person who claims linguistic human rights becomes a terrorist criminal.*" (S. 210). Koloniale Vermächtnisse beschreiben hier die anhaltenden Auswirkungen der Kolonialzeit, quasi als koloniales Erbe, wie z.B. Machtungleichheiten, kulturelle Unterschiede und wirtschaftliche Abhängigkeiten, die bis heute spürbar sind. In diesem Fall geht es um die Politik gegenüber der kurdischen Sprache, die, wie zuvor beschrieben, in den Herkunftsländern teilweise verboten wurde. Menschen, die Kurdisch sprachen oder die Aufhebung des Verbots individuell oder kollektiv forderten, waren der Gefahr ausgesetzt, als „Terroristen" und Staatsfeinde verunglimpft, inhaftiert, gefoltert und gedemütigt zu werden.

1.4 Kurdische Sprachgeschichte und Migration

In Europa ist die heutige Präsenz der kurdischen Sprache auf die Migrationsbewegungen in Deutschland insbesondere der sogenannten „Gastarbeiter*innen" der 80er Jahre zurückzuführen. So konnte es zu einer transnationalen und dezentrierten Wiederbelebung der kurdischen Sprache jenseits der Gebiete kommen, in denen sie vor dieser Zeit gesprochen wurde. Insbesondere seit den 1980er Jahren entwickelte sich die Sprache im Kontext der Migration auch gezielt durch die Gründung von Kulturinstituten, etwa in Paris und Berlin, weiter. Es entstanden Lehrwerke, Wörterbücher und literarische Werke, die zur Förderung der Sprache beitrugen. Gerade in den skandinavischen Ländern wie Schweden wurden Minderheitensprachen gelehrt. Auch Digitalisierung, erweiterte Radio- und TV-Sender, die global empfangen werden können, sowie die Verbreitung von Social Media haben sich auf die Entwicklung des Kurdischen ausgewirkt. Insbesondere die kurdische Musik- und Filmszene hat im europäischen Exil zur Sichtbarkeit und Hörbarkeit kurdischer Sprachen und Perspektiven beigetragen. Neben ihrer politischen Dimension als Akt des Widerstands (vgl. Seidlitz 2020), sich in der eigenen Sprache zu artikulieren, beleuchten sie nicht nur die Lebensrealitäten von Kurd*innen, sondern bieten auch Raum für queere Perspektiven und andere marginalisierte Stimmen innerhalb der kurdischen Gemeinschaft. Darüber hinaus haben sie eine transnationale, nomadische Wirkung, da ihre Kunst global und auch nach Kurdistan resoniert.

Die Türkei nutzte ihr Netzwerk an Botschaften, um ihre linguizidale Politik auch auf kurdische Migrant*innen und Geflüchtete in Europa und Nordamerika auszuweiten. Die Türkische Botschaften in Dänemark und Schweden forderten, dass Kurdisch nicht an Schulen oder in Kindergärten unterrichtet wird. Als die kurdischsprachige Radiosendung „Bernama Kurdi" 1987 im WDR Dortmund auf Sendung ging, reagierten türkische Vereine in Dortmund und offizielle Stellen mit Kritik und Protestnoten. In Deutschland haben sich einige Standesämter in der Bundesrepublik zeitweise geweigert, kurdische Namen für Kinder mit türkischer Staatsangehörigkeit einzutragen.[12] Diese Praxis wurde damit begründet, dass diese nicht in der Liste der türkischen Namen verzeichnet seien und von der türkischen Auslandsvertretung auch als nicht eintragungsfähig bezeichnet wurden. Solche Praktiken der versuchten Eindämmung von Rechten verstoßen gegen europäische und internationale Abkommen, darunter die Charta der Vereinten Nationen (1945). Laut dem Zentrum für Kurdische Studien (Navend e.V.) war die Entschließung des Europäischen Parlaments vom 12.07.1992 ein Meilenstein. Sie forderte die Mitgliedsstaaten auf, den kurdischen Immigrant*innen ihre kulturellen Rechte zu gewähren, ihre Sprache zu fördern und Hindernisse, wie die Vergabe kurdischer Namen, zu beseitigen. Zur Unterstützung der Standesämter wurde die Broschüre ‚Kurdische Vornamen' (1997) herausgegeben.

In Deutschland hat sich die kurdische Sprache in der kurdischen Diaspora durch mehrere Faktoren entwickelt und wurde revitalisiert. Viele erwachsene Kurd*innen gerade aus der Türkei haben die Freiräume genutzt, um ihre Sprache wiederzubeleben, oder gar neu zu erlernen. Politische Organisationen spielten dabei eine zentrale Rolle (Bahar, 2017), während Schulen eine wichtige, aber begrenzte Rolle bei der Erhaltung der kurdischen Sprache einnehmen. Insgesamt bieten 44 Schulen in sechs Bundesländern (Hamburg, Niedersachsen, Nordrhein-Westfalen, Rheinland-Pfalz, Berlin und Brandenburg)[13] Kurdisch-Unterricht an, hauptsächlich in den Dialekten Kurmancî, Kirmanckî/Zaza und Soranî. Seit 2019 wird Kurdisch an einigen Berliner Schulen als Erstsprachenunterricht angeboten, wobei Dialekte wie Kurmancî und Zazakî berücksichtigt werden. Der Unterricht bleibt jedoch auf wenige Schulen beschränkt[14]. Da der Unterricht oft ehrenamtlich organisiert ist, mit begrenzten Ressourcen und ohne flächendeckende Förderung durch staatliche Institutionen, ist die Umsetzung herausfordernd.[15] Der Bildungsverein Yekmal e. V. betreibt bilinguale kurdisch-deutsche Kindergärten in Berlin. Seit 2015 ist mit dem Zuzug kurdischer Bürgerkriegsflüchtlinge aus Syrien das Interesse an Kurdisch-Unterricht weiter gestiegen.[16]

Die historischen und aktuellen Sprachpolitiken und Machtverhältnisse in Herkunftsländern Ländern wie der Türkei, Syrien, dem Irak und dem Iran beeinflussen die Wahrnehmung und Bewertung der kurdischen Sprache in der Diaspora innerhalb und außerhalb kurdischer Communities. Gleichzeitig schaffen

12 https://dserver.bundestag.de/btd/14/026/1402676.pdf

13 Vgl. https://mediendienst-integration.de/fileadmin/Dateien/Factsheet_Herkunftssprachlicher_Unterricht_2022.pdf

14 Kurdischer Sprachunterricht an Berliner Schulen – 2024 https://yekmal-akademie.de/neuestebeitraege/kurdischer-sprachunterricht-an-berliner-schulen-2024/

15 https://www.gew-berlin.de/aktuelles/detailseite/ein-langer-und-steiniger-weg

16 https://www.gew.de/aktuelles/detailseite/foerderung-der-mehrsprachigkeit

es Sprachcommunities durch „Sprachpolitik von Unten" zunehmend, Aufmerksamkeit für eine Sprache zu fördern und der Unsichtbar- und Nichthörbarkeit entgegenzuwirken.

Die mehrdimensionale erzwungene Sprachlosigkeit hat verschiedene Facetten. Eine grundlegende ist die historisch-politische Ebene, die hier skizziert wurde. Auf der historischen Ebene ist es wichtig festzustellen, dass die Sprachpolitik in Form von epistemischer Gewalt in der Geschichte der Kolonisierung eine grundlegende Rolle gespielt hat, um die Privilegien der jeweiligen dominanten Kultur zu sichern. Teils darauf aufbauend spielt zudem die Gründungsgeschichte von Nationalstaaten und damit einhergehender Nationalismus eine Rolle. Dies ist in der Türkei sichtbar, aber auch in Ländern wie Deutschland, dass sich trotz seiner inzwischen langjährigen Migrationsgeschichte mit Vielsprachigkeit schwertut. Wahrnehmbar ist zudem eine historische Kontinuität von Politiken des Unsichtbar-Machens, wobei die Sichtbarkeit und Hörbarkeit, also die Privilegierung bestimmter Sprachen ein wesentliches politisches Instrument zur Herstellung von Unsichtbarkeit für andere Sprachen darstellt. Um die genannten Aspekte zu veranschaulichen, werden im Folgenden ausgewählte Ergebnisse bzw. Thematisierung in Bezug auf Sprache, Sprechen, Schweigen und Sprachlosigkeit vorgestellt.

2. Sprachlosigkeit: Vom Schweigen der Wissenschaft

2.1 Vom Schweigen der Sprachwissenschaften

Die bisherigen Ausführungen heben eine historisch gewachsene, sich an unterschiedlichen Schauplätzen der Geschichte und Regionen abspielenden Kontinuität der Marginalisierung der kurdischen Sprachen hervor, die in politischen (vor allem kolonialen und nationalistischen) Praktiken und Regelungen fundiert ist und sich von Versuchen der Auslöschung über sprachliche Diskriminierung erstreckt. Dies betreffen die Sichtbarkeit und Hörbarkeit der Sprachen und ihrer Sprecher*innen im täglichen Leben, in Schulen, Behörden und im Alltag. Ein solches „Silencing" (Dhawan 2007) der Wahrnehmbarkeit kann als strukturelle und epistemische Gewalt bezeichnet werden. Die Wissenschaften können gesellschaftliche Gewalt nicht ungeschehen machen, ggf. benennen, Worte finden, wahrnehmen. Das (Be-)Schweigen im Kontext historischer und kollektiver Verletzungsverhältnisse (vgl. Straub 2014, S. 89) ist keine Neutralität. Auch im Nichts-Tun, richtet sie etwas an. In seinem 2000 erschienen Text *The Politics of A-political Linguistics* kritisiert Amir Hassanpour das Schweigen der Sprachwissenschaften zu dem Linguizid, sprich dem gezielten Auslöschen des Kurdischen. Das Schweigen über den Linguizid an Kurdisch sei eine politische Position, die nicht mit der Neutralität oder Autonomie der Linguistik gerechtfertigt werden könne. Es sei eine Haltung, die die Verantwortung der Wissenschaft verkenne, strukturelle Gewalt sichtbar zu machen und zu hinterfragen. So habe noch 1991 in dem Standardwerk *The Compendium of the World's Languages* (1991) die Gewalt gegen die kurdische Sprache keine Erwähnung gefunden. Im *The Encyclopedia of Language and Linguistics* (1994) sei darauf verwiesen worden, dass die Türkei bis in die späten 1980er Jahre das Schreiben in Kurdisch verboten habe. Dies ist aber, wie er kritisiert, eine ungenaue Darstellung, da das Verbot zu dem Zeitpunkt noch weiterhin bestanden hat. Die Türkei habe historisch eine der härtesten Linguizidpolitiken betrieben, da der gesamte Staatsapparat mobilisiert worden sei, um die Sprache sowohl im gesprochenen als auch im geschriebenen Gebrauch zu eliminieren (Hassanpour 2000, S. 34). Eine Reaktion auf diese Kritik war die Herausgabe einer Ausgabe des International Journal of the Sociology of Language (2012), die sich schwerpunktmäßig mit dem Kurdischen befasst hat und von den Autor*innen Amir Hassanpour, Jaffer Sheyholislami und Tove Skutnabb-Kangas als historischer Moment markiert wird. In dem gemeinsamen Einleitungstext „Kurdish: Linguicide, resistance and hope" schreiben sie:

> „*Kurdish is visibly missing in the growing literature on the sociology of language and sociolinguistics even though in recent years research on the politics of the language…, its linguicide in Turkey…, Iran and Syria…, its struggles over standardization and officialization…, its use in the media…, its general description …or its gendered lexical heritage …has been published in books, dissertations and disparate journal articles. In a 'sociology of language' approach to the study of Kurdish, we may address questions about the precarious life of this language which many philologists and linguists have ignored, quite often deliberately.*" (S. 1)

Auf dieser Feststellung aufbauend analysieren die Autor*innen die historische und politische strukturelle Gewalt, die die Marginalisierung des Kurdischen bedingt und verursacht hat. Sie beziehen sich dabei auf Skutnabb-Kangas (1987) Unterscheidung zwischen physischer, symbolischer und struktureller Gewalt. Diese zeige sich im Fall des Kurdischen durch den Versuch türkischer Botschaften, im Ausland aktiv den kurdischen Sprachunterricht zu verhindern. Sie wertet dies als systematischen Angriff auf die Sprache. Dadurch, dass sie auch in der internationalen Sprachpolitik ignoriert werde, stelle sie einen Fall struktureller Gewalt dar. Vielmehr noch, so Hassanpour, habe die internationale – und eben nicht nur die lokale – Sprachpolitik historisch zum Linguizid und Marginalisierung des Kurdischen beigetragen.

2.2 *Diskriminierungsverhältnisse über Sprache in der Migrationsgesellschaft und die Stellung des Kurdischen*

Im Folgenden soll die Einbettung in gesellschaftspolitische Diskurse um Differenz in der Migration mit *Fokus auf Bildung* erfolgen. Die gegenwärtigen Differenzordnungen und Diskriminierungsverhältnisse über Sprache in der Migrationsgesellschaft sind komplex und vielschichtig, sie sind gekennzeichnet von sprachlicher Hierarchisierung und einem weitgehend monolingualen Habitus. Sprache dient als Differenzmerkmal und wird zu einem Instrument sozialer Distinktion und legitimierter Ausschlüsse. Dabei kann die Ausgrenzung aufgrund von Sprache(n) als Form des Rassismus betrachtet werden (vgl. Thoma/Knappik 2015).

Die Auseinandersetzung mit „Kurdisch" in der Forschung in Bezug auf Bildungsprozesse gestaltet sich bislang zögerlich. Dies manifestiert sich in einer geringen Sichtbarkeit der Erfahrungen und Positionierungen kurdischer Menschen in Bezug auf Differenz- und Dominanzkonstruktionen in der Migrationsgesellschaft in Deutschland[17]. Es gibt sicherlich einzelne Werke wie von Sabine Skubusch (2002) zu dem Verhältnis „Kurdische Migration und deutsche (Bildungs-)Politik". Doch insgesamt fehlt es trotz der großen kurdischen Diaspora in Deutschland an systematischen Studien zur kurdischen Sprache und deren Sprecher*innen oder offizielle Daten zu Spracheinstellungen und Sprachhandeln (vgl. Möller 2023). Aus der Sicht von Yaşar Kırgız (2022) nimmt Kurdisch eine besondere Stellung ein, zum einen aufgrund ihrer verschiedenen Dialekte und Varietäten, zum anderen, da Kurdisch-Sprechende mehrsprachig sind im Kontrast zur geopolitischen Entwicklung und dem teilweisen Verschweigen des Kurdischen. Dennoch sei das Kurdische im Vergleich zu anderen Migrationssprachen weniger erforscht, obwohl sie durchaus erkenntnisreich sein könnte aufgrund eben dieser doppelten Dynamik „‚sprachliche Vielfalt' vs. ‚sprachliches Schweigen'" (Altun 2023). Die kurdischen Perspektiven finden sich eher selten im Forschungs- und Wissenskanon.

Ein Beispiel
In dem Werk „Heterogenität, Sprache(n), Bildung" von İnci Dirim und Paul Mecheril (2018) wird die Beziehung zwischen Sprache, Bildung und gesellschaftlichen Differenzordnungen ausführlich untersucht. Im Fokus steht dabei die Rolle der **Sprache als Mittel der Differenzkonstruktion** bei der Reproduktion von Machtverhältnissen und die Bedeutung von Mehrsprachigkeit in Bildungsprozessen. Dabei betrachten sie Sprache als zentrales

17 Es sprengt den Rahmen für diesen Text. Es wäre allerding interessant, einen Vergleich der Stellung des Kurdischen im deutschsprachigen Raum, sprich: inklusive Österreich und Schweiz, zu untersuchen. Denn die Migrationsbewegungen und Politiken unterscheiden sich.

Instrument, mit dem Differenzordnungen geschaffen und reproduziert werden. Gesprochene und geschriebene Sprache beeinflussen die Wahrnehmung von Heterogenität und verstärken soziale Hierarchien (z. B. die Unterscheidung zwischen „legitimen" und „illegitimen" Sprachen in Schulen). Sie argumentieren dafür, Schulen differenzfreundlicher zu gestalten, indem sie Mehrsprachigkeit nicht nur akzeptieren, sondern aktiv als Ressource integrieren und betonen die Zusammenhänge von **Sprache und Macht.** Sie bieten mit ihrer Analyse eine machtkritische Perspektive, um Sprache nicht nur als Kommunikationsmittel, sondern auch als Träger von Differenz- und Herrschaftsverhältnissen zu verstehen. Sie plädieren für eine Reflexion von Sprachpraktiken in Bildungsinstitutionen, um Heterogenität gerecht zu werden und soziale Gerechtigkeit zu fördern.

Die Einbeziehung der kurdischen Sprache könnte dazu beitragen, die allgemeinen theoretischen Überlegungen zur Sprache als Differenz- und Herrschaftsinstrument um ein spezifisches, realitätsnahes Beispiel zu bereichern und die Bedeutung sprachlicher Vielfalt in einem machtkritischen Kontext noch deutlicher herauszustellen. Umso erstaunlicher ist es, dass ihre Ausführungen keine spezifischen Bezüge zur kurdischen Sprache enthalten.

Eine interessante Analyse bietet Saskia Alber-Macks in ihrem dominanzkritischen Beitrag mit dem Titel „‚**Was interessiert jetzt den URdeutschen Schwaben KURDISCH?** Oder so.' Zur Relevanz migrationsgesellschaftlicher Mehrsprachigkeit im Unterricht aus Sicht der Lehrer*innen". Sie kommt zu dem Schluss: „Kurdisch sowie andere Migrationssprachen sind für Lehrkräfte in ihrem Unterricht **nicht von Bedeutung**. Ihnen innerhalb des Unterrichtsgeschehens Raum zu geben, löst Irritationen aus, die bisweilen zu einer deutlichen Ablehnung dieser Sprachen führen. Sie macht deutlich, dass „*im Sprachregime des Unterrichts kein oder nur bedingt Raum für andere Sprachen außer Deutsch vorhanden ist.*" (ebd., S. 201).

Die Grenzen der oftmals als Potential titulierten **migrantischen Mehrsprachigkeit** erweisen sich nach Assimina Gouma (2020) nicht nur im Bildungskontext, sondern auch in der Öffentlichkeit als brüchig. Mehrsprachigkeit wird zwar als Ressource verstanden, aber oft durch Erfahrungen von Linguizismus (Diskriminierung aufgrund von Sprache) und hierarchischen Ordnungen begleitet, wie die Befragten ihrer Studie in sehr unterschiedlichen Kontexten erfahren. Migrantische Mehrsprachigkeit trägt dazu bei, eine Dominanz der Monolingualität zu dekonstruieren. Doch wenn sie strukturelle Ungleichheiten und linguistische Diskriminierung auch (innermigrantisch) hegemonialer Dynamiken nicht hinterfragt und sichtbar macht, verbleibt sie **als Harmonieprojekt** und kann nicht als Instrument der Konfliktfähigkeit in der Gesellschaft eingesetzt werden.

Die Differenz- und **Hierarchisierungsverhältnisse** sind nicht nur gerahmt von migrationsbedingten Konstellationen, sondern auch **innerhalb kurdischer Communities**. So weist Birgul Yilmaz (2018) in ihrer Studie „Language ideologies and identities in Kurdish heritage language classrooms in London" auf die

Sprachideologien und Identitätsdynamiken in kurdischen Herkunftssprachklassen in London. Ihre Forschung bietet wertvolle Einblicke in die Dynamiken kurdischer Herkunftssprachklassen und beleuchtet die Spannungsfelder zwischen Sprachideologien, Identitätsbildung und diasporischen Realitäten. Die Dialektvielfalt (z. B. Kurmancî, Soranî, Zazaki) führt zu Spannungen, da dominante Ideologien darüber bestehen, welcher Dialekt als „korrekt" oder „prestigeträchtig" gilt. Diese Ideologien spiegeln oft die politische und soziale Hierarchie wider, die auch in den Herkunftsgebieten besteht. Zugleich gibt es eine enorme symbolische Bedeutsamkeit für Sprache, und die Beherrschung der kurdischen Sprache ist ein zentraler Bestandteil ihrer ethnischen und kulturellen Identität sowie der Identitätskonstruktionen in den Klassenräumen. Die Schüler*innen entwickeln hybride Identitäten, die sowohl von ihrer kurdischen Herkunft als auch von ihrem Leben in London geprägt sind. Yilmaz Studie zeigt, wie Sprache als Mittel zur Identitätsbildung und als Symbol für kulturelle Zugehörigkeit genutzt wird, aber auch, wie sie Konflikte und Spannungen innerhalb einer Gemeinschaft hervorbringen kann.

Laut der Politikwissenschaftlerin Dastan Jasim (2021) spiele die **fehlende normalisierte Repräsentation** der Sprache eine zentrale Rolle im Antikurdischen Rassismus im Deutschland. Seien es Informationen für Geflüchtete in Asylzentren, Angebote in kurdischer Sprache oder im Schulsystem. Während Schulunterricht in türkischer Sprache in Deutschland längst normal geworden sei, werde die kurdische Sprache nur zögerlich weitergegeben.[18] Bestätigt wird diese Analyse durch die Untersuchung von Diren Yeşil Sincar (2023) zu den Auswirkungen des **Antikurdischen Rassismus auf Identitätsbildungsprozesse, insbesondere im Bildungssystem**. Sie betont die Unsichtbarmachung kurdischer Identitäten und die damit einhergehende Marginalisierung. Rassistische Zuschreibungen, insbesondere die Gleichsetzung mit der PKK, führten zu Stigmatisierung und Diskriminierung. Pädagogische Ansätze versäumten es, marginalisierte Perspektiven wie z. B. kurdische Geschichte oder Sprache im Lehrplan zu inkludieren, die spezifischen Herausforderungen kurdischer Schüler*innen anzuerkennen.

Bei Kindern mit kurdischer Familiengeschichte ist die **ungesteuerte Mehrsprachigkeit** über Generationen eher die Regel. Sie wird nicht gesteuert über das Bildungssystem systematisch erworben und kann seltener als Ressource genutzt werden. Das ist ein Aspekt, der typisch ist für Migrationskontexte. Hier gibt es das Spezifikum, dass es ein koloniales, ein nationalstaatliches und ein migrantisches Vermächtnis gibt. Der in Deutschland lange präsente Umgang mit der kurdischen Sprache trägt zur Tradierung „historischer Verletzungsverhältnisse" (Straub 2014) bei, die sich transnational perpetuiert und verflochten haben. Erst langsam lassen sich Veränderungen beobachten.

18 https://katapult-magazin.de/de/artikel/eine-million-unsichtbare; 3. November 2021

3. Mehrdimensionale Sprachlosigkeit im Kontext kurdischer Zugehörigkeiten in Deutschland

Die Erscheinungsformen des Antikurdischen Rassismus sind in Wissenschaft und Praxis der psychosozialen Arbeit und der antirassistischen Pädagogik bisher kaum thematisiert worden. Die Dethematisierung trägt zur Ignoranz bei und verstärkt den Rückgriff auf Alltagswissen über Diskriminierung. Sie normalisiert Unwissenheit und Ungleichheit gegenüber der heterogenen Gruppe der Kurd*innen in Deutschland.

In dem bisherigen Beitrag wurden die historischen, linguistischen und migrationsbezogenen Kontexte skizziert. Im Folgenden werden Teilergebnisse der qualitativen Studie zu Diskriminierungs- und Rassismuserfahrungen von Kurd*innen in Deutschland dargelegt. Diese Ergebnisse resultieren aus 34 qualitativen Forschungsinterviews, die in den Jahren 2022–2024 geführt wurden (ausführlich vgl. Ghaderi/Almstadt 2025). Im Mittelpunkt stand die Frage nach den Erfahrungen der Akteur*innen mit antikurdischen Vorurteilen und deren Auswirkungen. Einer der zentralen Ergebnisse ist dabei die erlebte und beobachtete normalisierte mehrdimensionale Sprachlosigkeit. Die folgenden Ergebnisse beziehen sich auf Thematisierungen von Diskriminierungserfahrungen im Zusammenhang mit Sprache, ihre Handlungsstrategien und artikulierten Bedarfe für veränderte Handlungsweisen in der postmigrantischen Gesellschaft.

3.1 Thematisierungen von Sprache und Sprachlosigkeit

Erfahrung des Absprechens der Existenz des Kurdischen als Sprache und Abwertung

> *„Du hast keine Sprache, euch gibt es nicht."*[19]

Wiederholt berichten Befragte, in der Schule beim Sprechen von kurdischer Sprache damit „beleidigt" zu werden, dass kurdisch keine „richtige Sprache" sei[20], bis hin zu Äußerungen wie *„Du hast keine Sprache, euch gibt es nicht."*[21] D. h. es geht über Abwertung hinaus um eine Existenz, bzw. das Absprechen der Existenzberechtigung. Bei Auftauchen des Themas „kurdisch" entsteht, so eine Befragte, sofort „Blockierung"[22] und immer wieder Rechtfertigungsdruck darüber, kurdisch zu sein und zu sprechen.

19 20. Interview, Abs. 12; vgl. auch 16. Interview, Abs. 33, 26. Interview, Abs. 19
20 1. Interview, Abs. 7; 5. Interview Abs. 46
21 20. Interview, Abs. 12; vgl. auch 16. Interview, Abs. 33, 26. Interview, Abs. 19
22 26. Interview, Abs. 9

„Es gibt doch kein Kurdistan. Du sagst, du kommst aus Kurdistan. Wie oft müssen wir das Gespräch führen? Es gibt Kurden, es gibt unsere Sprachen. Ich bin das und dies und jenes. Uns rechtfertigen. Wieso?“[23]

Die Erfahrung der Abwertung der kurdischen Sprache geht vereinzelt bis hin zu **Glottophobia**, sprich dem emotional-körperlichen Abneigung zum Kurdischen.“[24] Die permanenten Abwertungen[25] lösen diverse emotionale Reaktionen aus und erinnern immer wieder daran, nicht als „normal“ wahrgenommen zu werden und sich legitimieren zu müssen. Ein Befragter formuliert es so:

„Es ist eine vollkommene Selbstverständlichkeit. Die Muttersprache ist vollkommen selbstverständlich oder zweite Muttersprache, wie auch immer, welche Konstellation, die aber pausenlos, in jedem Kontext, in jedem Aspekt des Lebens auf die Reaktion stoßen. Kurdisch gibt es doch gar nicht, wie jetzt Kurdisch... diese ganz breite Realität. Ich stelle meine ganz selbstverständliche Identität und Zugehörigkeit vor, indem ich sage Ich bin a, b, c, d, e und mein Umfeld ***reagiert weit überwiegend mit gibt es nicht oder weiß ich nicht.***“[26]

Diese Erfahrungen, die oftmals in der Schule in Deutschland gemacht wurden, berühren und verletzen die Befragten. Je nach Biografie stellen sie eine Kontinuität und Kumulation der (transgenerationalen) Erfahrungen des Sprachverbots in der Türkei dar. Oder aber sie verweisen auf unwissende Homogenisierung oder wissende Diskriminierung seitens der Sprecher*in. Diese Mechanismen der **Abwertung** und Diskriminierung kurdisch sprechender Menschen, hat Folgewirkungen, und wird teils internalisiert und subjektiviert.[27]

*„Nun, also, ich weiß, dass viele, viele kurdische Kinder, die hier in Deutschland geboren werden oder als Kinder hierherkommen, oftmals nicht aussprechen können, dass sie Kurd*innen sind, weil sie eben Angst haben, dass sie Rassismus einfach so machen und dass die Eltern eben auch zum Schutz ihrer Kinder oftmals ihnen nicht erzählen, dass sie Kurd*innen sind oder ihnen ihre Sprache nicht beibringen... Und*

23 Interview 23; Abs. 110

24 Dazu nannte eine befragte Person ein Beispiel aus der Bildungsarbeit: *„Ich habe... Workshops gegeben... Und da habe ich viel mit Jugendlichen gearbeitet. Und dann gab es irgendwie ein Spiel, da ging es auch darum, dass man unterschiedliche Sprachen spricht oder anwendet. Und einfach so ein paar einfache Sachen wie Zahlen oder so ‚hallo wie geht es dir‘ oder sowas miteinbringt. ... Und als ich es dann auf Kurdisch, also auf kurmanci machen wollte, da gab es Widerstand von Jugendlichen. Und es war klar, dass er irgendwie eine Abneigung gegen diese Sprache hatte, aber auch nicht begründen konnte.“* 8. Interview, Abs. 26

25 1. Interview, Abs. 56, 18. Interview, Abs. 38, 29. Interview, Abs. 46; 16. Interview, Abs. 17

26 Interview 16, Abs. 17

27 5. Interview. Abs. 42–44

*leider sprechen aus dem Grund auch viele Kurd*innen in Deutschland, die hier geboren sind, nicht mehr so viel Kurdisch, weil es so ein Schutzmechanismus der Familien war. Man hat gesagt okay, man will einfach jede Konfrontation vermeiden, weil man weiß, dass Nationalisten und Faschisten hier auch sehr gut organisiert sind. Und ja, da fehlt einfach ein großer Teil, der verloren geht… Und das ist einfach sehr traurig, dass eine gesamte Sprache und Kultur darunter leidet unter dieser Angst und dann eben auch mit verloren geht und Kurden einfach auch identitätslos dann sind und im Nachhinein für die Jugendliche sich die Frage stellen. Aber hey, meine Eltern und meine Großeltern haben eine andere Sprache als türkisch oder arabisch gesprochen. Was war das denn? Und dann auch in so einen Konflikt geraten. Und das ist einfach sehr problematisch. Traurig und auch belastend.*“[28]

Eltern sorgen sich, da sie auch fürchten, dass die Abwertungen nicht immer nur auf verbaler Ebene enden und ihre Kinder in gewaltsame Verletzungsverhältnisse involviert werden. Natürlich sind nicht alle Eltern gleichzusetzen, und sie haben unterschiedliche Erfahrungen, zumal Kurdisch in den anderen Hauptherkunftsstaaten wie Irak und Syrien nicht verboten war. Dennoch erleben sie, dass die Möglichkeit, Kurdisch als Erstsprache für die eigenen Kinder zu ermöglichen, keine Selbstverständlichkeit ist bzw. war, wie z. B. diese befragte Person (Vater) schildert:

„*Da bin ich damals in den Ausländerbeirat gegangen. Damals hieß er nicht Integrationsrat, sondern Ausländer. Und da telefonierten wir mit dem Schulamt, mit jemandem vom Ausländerbeirat. Und da wurde laut gestellt. Das Telefon, Da sagte die Frau vom Schulamt Ja, warum? Es gibt doch eine Muttersprache Türkisch an den Schulen. Warum muss ihr dann Kurdisch lernen? Ich war dann überrascht. Da habe ich dann ja provokativ gesagt Frau So und so, die Kinder stammen überhaupt nicht aus der Türkei. Und die haben auch mit der Türkei überhaupt nichts zu tun. Die meisten kommen aus Irakisch-Kurdistan, also aus dem Irak. Mein Sohn kommt aus Syrien. Also wir haben mit der Türkei, mit dem Staat Türkei gar nichts zu tun. Warum müssen wir Türkisch lernen? Sie hat automatisch, wenn Kurden kamen, mussten die Türkisch lernen. Irgendwann haben wir es dann durchgesetzt. Ja.*“[29]

D. h. der Zugang zu Kurdisch Lernen erfordert Mühe, da routinemäßig nach einer Logik der dominanten Sprache des vermuteten Herkunftsstaates operiert wird.

28 20. Interview, Abs. 50
29 21. Interview. Abs. 6

Transgenerationale Sprachlosigkeit nicht nur in Bezug auf die eigene Sprache und Geschichte

So gibt es in manchen Familien Eltern, die kein Kurdisch oder nur schlecht sprechen, da ihre Sozialisation aus Zeiten stammt, in denen es verboten war, oder sie haben es zum Schutz ihrer Kinder vermieden, ihnen Kurdisch beizubringen. Dies führt dazu, dass die Kinder wiederum aus Wut oder Scham versuchen, die Sprache als Erwachsene nachzuholen.[30] Ihre Sprachlosigkeit ist vorherrschend, nicht nur in Bezug auf ihre eigene Sprache, sondern auch in Bezug auf ihre eigene Geschichte. Sie lernen, auf Ausgrenzung und verletzende Erfahrungen mit Strategien des Widerstands zu reagieren. Einige eignen sich Wissen über kurdische Themen an und lernen dann die Sprache, um sich selbst zu stärken. Wie oben ausgeführt blicken Kurd*innen als ethnisierte Gruppe auf eine lange Geschichte von (Sprach-)Gewalt und Diskriminierung zurück, die jedoch weder institutionell oder politisch anerkannt noch auf familiärer oder individueller Ebene aufgearbeitet wurde. Die jüngere Generation berichtet, dass sie sich dieser Geschichte der Gewalt bewusst ist, ohne genau zu wissen, in welcher Form sie stattfindet. Denn der gewaltsame Verlust der kurdischen Familiensprache, die teils verunmöglicht mit der Großelterngeneration eine Sprache zu haben, bringt weitaus mehr als die gesprochene Sprache zum Verschwinden, sondern auch die mit ihr verbundene kulturellen Existenzweisen als epistemische Gewalt.

Ein Gefühl der ‚Identitätslosigkeit' in der Auseinandersetzung mit der Sprache evozieren Identitätsfragen, zumal bei der Suche danach die Personen auf ‚andere' Sprachen wie Deutsch, Englisch, Türkisch, Arabisch usw. angewiesen sind und deren narrative Vermittlung benötigen, wenn sie Kurdisch nicht verstehen – sowie die Frage nach ihrer eigenen Position im Vergleich zu anderen Migrant*innen.

> *„Ich glaube Rassismus und Diskriminierung in Deutschland unterscheidet nicht Menschen voneinander. Ja, ein jemand, der gerne Diskriminierungen und Rassismus ausübt, wird nicht sagen du bist Kurde aus Syrien und du bist Araber. Ja, er ist ein Rassist und er wird das gar nicht unterscheiden wollen oder wahrnehmen können. Und wir sind alle betroffen. Nur halt das Besondere bei uns, dass wir die verlorene Identität sind. Also wir können uns nirgendwo binden. Bin ich Syrer? Nein. Bin ich Kurde aus Syrien? Ja vielleicht. Bin ich Kurde aus Deutschland? vielleicht. Ich bin ein Mensch, der in Deutschland groß geworden ist, der mehrere Sprachen spricht. Meine Muttersprache ist Kurdisch."*[31]

---

30 *„Ich kenne viele, die eben im Nachhinein sich hinsetzen und Kurdisch lernen wollen. Dass aber sie immer sauer auf die Eltern sind und sich denken Warum? Warum habt ihr mir das nicht beigebracht?"* 20. Interview, Abs. 50

31 10. Interview, Abs. 62

Psychotraumatologische Effekte des Sprachverbots

> *„Es gibt einen Grund, wieso ich hier bin. Und diese Sprache hat damit zu tun. Es ist wichtig, dass diese Sprache im Vordergrund ist. Das ist nicht nur ein Kommunikationsmittel und deswegen muss man diese Menschen auch in dieser Sprache ansprechen.“*[32]

Es gibt Personen, die zu den Zeiten des Verbots in der Türkei Kurdisch gesprochen und deswegen Gewalt erfahren haben und politisch verfolgt wurden. Ihre Ängste tragen sie verkörpert weiter mit, wenn sie zum Beispiel in Deutschland im öffentlichen Raum Kurdisch sprechen. D. h. es gibt anhaltende psychosoziale Auswirkungen, denen sie nicht einfach entkommen können. Zudem verweist dieser Befragte auf den politischen Moment. Nicht im Fokus der Studie, aber durchaus relevant ist die Facette der Sprachlosigkeit, die mit psychotraumatologischen Effekten, mit einem gestörten Erinnerungsabruf und einer gehemmten Verbalisierung von Erlebnissen einhergeht.

Native speakerism und die Abwertung der Person, die die „eigene“ Sprache nicht spricht

Die Abwertung der kurdischen Sprache als wichtiges Element für Identität und Zugehörigkeit findet als *native speakerism* auch „innerkurdisch“ statt. So kommt es zu Abwertungen der Person, die die „eigene“ Sprache nicht spricht.[33] Kurdische Identität und Zugehörigkeit wird auch von Kurd*innen, die selbst Kurdisch sprechen, gegenüber Personen in Frage gestellt, die die Sprache nicht beherrschen.[34] Das evoziert bei den Interviewten die Fragen, wer ist „kurdisch“? und wie werden die Dominanzverhältnissen in der In-Group über Sprache ausgetragen und verhandelt.

---

32 28. Interview, 2, Abs. 10, bzgl. zum Beispiel Informationsmaterial in Sozial-/Bildungs-/Gesundheitswesen

33 1. Interview, Abs. 47; 34. Interview, Abs. 59: *„Die Diskriminierung, die ich wahrnehme, ist manchmal… ein sehr, sehr schwieriges und komplexes Thema gegenüber assimilierten Kurden, also Kurden, die sozusagen ihre Muttersprache nicht mehr sprechen, dass ihnen ihr Kurdischsein manchmal aberkannt wird, dass man sagt, es sind ja keine richtigen Kurden, also dass da dann ausgegrenzt wird, das eigene Kurdischsein auf eine höhere Ebene, also sozusagen der Grad an Kurdischsein. Dass da sozusagen Ausgrenzung und Diskriminierung passiert.“*

34 11. Interview

Unwissenheit und Gleichgültigkeit der sprachlichen Diversität

Einige Befragte berichten von der Erfahrung, dass in Interaktionen angenommen werde, dass Kurd*innen die Sprache der Herkunftsstaates sprechen (Türkisch, Arabisch, Persisch).[35] Ferner wird die Erfahrung geteilt, dass angenommen wird, dass Kurd*innen sich unabhängig von ihrer sprachlichen Region verständigen können. Die Diversität der kurdischen Sprache ist wenig bekannt,[36] ebenso das Wissen um die systematische Unterprivilegierung bis hin zu Verboten, die eine Standardisierung erschwert haben. Die Unwissenheit bezieht sich nicht nur auf die Mehrheitsgesellschaft, auch Kurd*innen, die aus unterschiedlichen Regionen aus unterschiedlichen zeitlich-politischen Konstellationen heraus geflüchtet oder migriert sind, lernen teilweise im Exil den Umgang mit der sprachlichen Diversität. Das plurale Leben konfrontiert sie mit der eigenen Unwissenheit und erlaubt Lernerfahrungen der sprachlichen Vielfalt.[37]

Gerade in Bildungs-, Sozial- und Gesundheitskontexten ist dieses Wissen um die sprachliche Diversität relevant, um zu entscheiden, ob und in welcher Sprache z. B. Dolmetscher*innen hinzugezogen werden.[38] Die Erwartung, dass eine Kurdisch sprechende Fachkraft übersetzt, kann scheitern, da eine gemeinsame Sprache nicht vorausgesetzt werden kann. Diese Erfahrungen können durch verschiedene Faktoren verursacht sein: Desinteresse, Unwissenheit aber natürlich auch dadurch, dass es politisch und biografisch komplex ist: Kurdisch sprechen, sich als kurdisch definieren, in den Herkunftsstaaten oder in Deutschland geboren oder sozialisiert sein, keiner der Faktoren ist ein Prädiktor dafür, welche Sprachen in welcher Weise gesprochen werden.

Sprachliche Diskriminierung zwischen Unwissenheit und struktureller Ignoranz

Die sprachliche Diskriminierung auf struktureller Ebene wird in verschiedenen Ausformungen und Graden bei unterschiedlichen Institutionen beschrieben. Menschen, die sich in Kurdisch verständigen möchten oder müssen, werden immer wieder damit konfrontiert, dass angenommen und/oder erwartet wird, dass sie Türkisch, Arabisch oder Persisch verstehen müssen bzw. sich in diesen Sprachen verständigen, so z. B. berichten die Befragten von Erfahrungen im Asylverfahren von Geflüchteten.[39] In Bezug auf erstsprachigen Unterricht in Kurdisch gibt es ähnliche Erfahrungen. Der Zugang, um Kurdisch zu lernen,

---

35 Z. B. 28. Interview, 2, Abs. 6

36 Z. B. im 7. Interview

37 Z. B. 7. Interview, Abs. 6; auch 26. Interview, Abs. 19

38 Z. B. „*schwierig diesen Eltern gerecht zu werden und denen diese ganze Fachsprache zu erklären, was gerade da passiert und welche Schritte eingeleitet*" (7. Interview, Abs. 12)

39 10, 18, 21

ist erschwert und Interessierte sind immer wieder konfrontiert mit der Aussage, sie können doch Türkisch, Arabisch usw. lernen.[40] Die Betroffenen ordnen diese Erfahrungen ein in einem Spektrum zwischen Unwissenheit und struktureller Ignoranz.[41] So wird im Beratungs- und Bildungsbereich von Fällen berichtet, bei dem angenommen worden sei, die Eltern, die Klienten usw. verweigern das Gespräch und so würden Hilfsgespräche und Angebote nicht stattfinden, da Arabisch, Persisch, Türkisch erwartet oder angenommen wurde. Die Ungleichbehandlung des Zugangs zu Informationen ist als ein Ergebnis einer fehlenden adäquaten Auseinandersetzung mit Mehrsprachigkeit bei Kindern/Schüler*innen und Fachkräfte zu verstehen.[42] Das kritisiert eine befragte Person als strukturelle Diskriminierung:

> *„Diese Unbewusstheit, dass die, dass wir auch in Deutschland nicht anerkannt sind und es geht um Struktur... Ja, wir sagen zum Beispiel Polizisten, Lehrer und Lehrerinnen, Sozialarbeiterinnen. Ja, wenn ich auf der Straße bin und jemand sagt, Ich wusste nicht, dass Kurdisch eine ganz andere Sprache als Persisch, Türkisch oder Arabisch ist, das kann ich akzeptieren. Aber wenn ein Sozialarbeiter, Polizist, Lehrer oder Lehrerin das sagt, dann muss ich Fragen stellen.“*[43]

Das sprachliche Übersehen- und ‚Vergessen‘-Werden – oder das Nicht-als-notwendig-Erachtet-Werden, in einer pluralen, postmigrantischen Gesellschaft mitgedacht zu werden – geht einher mit einem Gefühl der Kontinuität von Gewalterfahrungen, die Menschen individuell als kurdische Personen in Bezug auf ihre Sprache gemacht haben oder die sich für sie anschließen an kollektive, benachteiligende Erfahrungen von Kurd*innen ‚seit Generationen‘[44], die auch in Deutschland als normalisiert wahrgenommen werden.[45] Eine Person spitzt die Frage politisch zu: *„Was passiert institutionell in Deutschland, dass wir so, dass unsere Identität und unsere Kultur und Sprache auf die Seite gelegt (werden) und der Diskurs von Nationalisten durchgeführt wird.“*[46]

40 21. Interview
41 24. Interview
42 Interviews 7, 21, 28
43 31. Interview, Abs. 57
44 20. Interview, Abs. 56
45 2. Interview, Abs. 27
46 31. Interview, Abs. 57

Sprachlosigkeit und Vermeidungsverhalten im öffentlichen und institutionellen Raum

Für den Gesundheitsbereich beschrieben mehrere Befragte, wie sie selbst als Fachkräfte, die im System tätig sind, die Ignoranz der sprachlichen Bedürfnisse von Kurd*innen erlebt haben und sich mit mehr oder weniger Erfolg für den Zugang zu Gesundheitsinformationen auf Kurdisch engagiert haben.[47] Nach ihren Erfragungen, sei das Recht auf Information für Gesundheit in Frage gestellt und begründungsbedürftig gewesen – trotz der mit 1,5 Millionen[48] großen Zahl kurdischer Menschen in Deutschland.[49] Teils haben sie das Recht erst über Rechtsverfahren erwirkt.

Ein weiteres Feld, welches von den Befragten thematisiert wird, ist die Wissenschaft. Auch im wissenschaftlichen Kontext, selbst bei den sogenannten Nahost-Studien, sei die Erfahrung vorherrschend, dass Kurdisch als problematisch gesehen werde.[50]

Diese unterschiedlichen Erfahrungen veranlassen kurdische Menschen zur „Selbstzensur" bei Selbstdarstellung und Bewerbungen. Sie befragen sich, ob sie ihre Mutter- bzw. Erstsprache aufschreiben, da sie die Sorge haben, im Falle eines Outings benachteiligt zu werden.[51] Das Schweigen hat einen Preis, der mit Emotionen wie Traurigkeit, Verlust sowie verpasste Chancen verbunden ist. Zugleich stabilisiert es die Unsichtbarkeit kurdischer Realitäten in Deutschland.

Kontinuität einer erlebten Geschichte von Verleugnung und Sprachlosigkeit und das Fehlen einer Sprache des Dialogs und der Benennung

Bei der Vergabe von Räumlichkeiten für öffentliche Veranstaltungen (z. B. im Bürgerhaus, Museum usw.) berichten Befragte wiederholt, dass sie hingehalten werden, oder keine Räume bekommen. Dabei bleiben die Begründungen unklar, vage oder mündlich. Diese Dethematisierung ist teilweise unbeabsichtigt, zum Teil gewollt, aus Angst vor „Komplexität", „Ärger" oder einer „politisch heiklen Situation".[52] Zwar finden die Akteur*innen andere Räume, doch die Sprachlosigkeit bleibt. Die kurdische Frage als eine politische Frage und mit ihren

47 2. Interview

48 Vgl. Ghaderi/Almstadt 2023 (Expertise für den Mediendienst); Ghaderi/ Almstadt 2025

49 2. Interview, 28. Interview

50 30. Interview

51 ebd.

52 *„Mitte der 90er an der Universität… Wir Studenten wollten Kurdisch lernen, Also ein Kurs, da sind wir so Orientalistik… und dann sagte die Frau Nein, das geht nicht. Sie will nicht mit deinem kurdischen Kurs an der Uni diesen. Haben wir irgendwann gefragt. Haben wir gehört. Sie will keinen Ärger.*" (21. Interview. Abs. 6)

Auswirkungen auf die Menschen bleibt dethematisierend. Dieses Vermeiden und „Vergessen" führt nicht nur dazu, dass die Lebenssituation von Kurd*innen unsichtbar wird. Die Dethematisierung knüpft auch an die Geschichte der Kurd*innen an, die in den Herkunftsstaaten Diskriminierungen und Verbote ihrer Sprache erlebt haben. Statt differenzierter Dialoge und Debatten wird die Polarisierung und Vorstellung gefestigt, die Kurd*innen im politischen Raum als Verdachtsgemeinschaft und problematisch codiert. Darüber hinaus thematisiert eine Befragte, dass die permanente Aushandlung um kurdische Identität und die eigene Position nicht nur Kraft nimmt, sondern auch eine konstruktive Auseinandersetzung hemmt:

> *„Und dieses Bedürfnis, immer noch die eigene Sprache zu schützen und immer noch diese Schutzräume zu halten und immer noch sozusagen darum zu kämpfen, die eigene Identität aufrechtzuerhalten, in den eigenen Communities und Empowerment Räume zu schaffen, führt dazu, dass dieser Schritt nach draußen nicht stattfindet. Diese Brücke fehlt, auf der wir unser Problem und unser Anliegen auf die nächste Ebene tragen oder eben in die Gesellschaft hinein, die uns eventuell dabei unterstützen kann."*[53]

3.2 Strategien der Befragten auf Verletzungserfahrungen

Die Strategien der Befragten sind vielfältig und beziehen sich auf verschiedene Ebenen: die des Vermögens, Kurdisch als Sprache zu sprechen (Sprachkompetenz), den Umgang mit dem (Nicht-)Sprechen als politischen Akt, auf privater oder öffentlicher, individueller und institutioneller Ebene. Einige setzen individuell an und wenn sie des Kurdischen nicht mächtig sind oder nur rudimentär, versuchen sie die **kurdische Sprache zu lernen**, sei es als Kind oder Erwachsene, sei es allein bzw. autodidaktisch oder mit Unterstützung. Es wird beschrieben als „mühsam" und „kein einfacher Weg".[54] Auf interaktionaler Ebene werden **Strategien zwischen Dethematisieren und Eskalieren beschrieben.** So beschreiben einige, dass sie zwar Kurdisch sprechen, aber in Interaktionen versuchen sich zu „tarnen", um zu vermeiden, erkannt zu werden, indem sie die Sprache nicht „*aussprechen*", und auf diese Weise auch ein Evozieren des Thema kurdischer Zugehörigkeit.[55] Sie umschreiben hier Strategien der Selbstleugnung und Anpassung und damit der Subjektivierung der Machtstrukturen.[56] Andere wiederrum engagieren[57] sich in Gesprächen für Veränderungen, indem sie bewusst

53 34. Interview, Abs. 65

54 Erlernen (19. Interview, Abs. 35); Individuell: Erlernen / 1, 8 (8 als Kind selbst beigebracht; als Erwachsene, …alles mühsam… *kein einfacher Weg.*"

55 20. Interview, Abs. 50

56 Ebd.

57 5. Interview

auf die kurdische Erstsprache verweisen[58], oder etwa in Diskussionen auf andere mehrsprachige Nationen wie den Libanon[59] oder ihre „Bürgerrechte als Steuerzahler"[60] beziehen, oder eine Auseinandersetzung und Wissen um Mehrsprachigkeit für alle (Schüler*innen/Kinder selbst; Fachkräfte) einfordern.[61]

Das Engagement für die Sprache geht teils über den privaten Bereich hinaus und umfasst Organisationen und Institutionen, indem etwa juristisches Vorgehen beschrieben wird, um gleiche Sprachrechte durchzusetzen, oder mediale Aufmerksamkeit erzeugt wird, um öffentlichen Druck aufzubauen.[62] Das Engagement findet sich vielfach in der Bildungsarbeit. Dort sind einige Befragte tätig und in denen es Bemühungen gibt „Familien auch zu stärken"[63] und eine selbstorganisierte Elternarbeit im Elementarbereich zu intensivieren, wie diese Person ausführt:

> *„Wir müssen mit bilingualen Kindergärten anfangen und gucken das, dass wir ein Ziel für 2030, 2040 haben, damit das, was jetzt aktuell als normal hingenommen wird, nicht ...von meinen Kindern in dieser Form durchlebt wird. Wir müssen hier aktuell Pionierarbeit machen, weil es keine Institutionen in dieser Hinsicht gibt. So dass weder wir als kurdische Eltern die Möglichkeiten haben, eine adäquate Erziehung durchzuführen. Noch sind die Kinder sprachlich soweit, dass sie sich in dieser Sprache artikulieren können. Für die ist dann die Identität vielleicht nur so ein folkloristisches Element, was vielleicht für viele auch so empfunden wird."*[64]

Eltern- und Bildungsarbeit mit Kurd*innen kann aufgrund der Diversität der Erfahrungen und der Sprachen, die gesprochen oder verstanden werden, mitunter bedeuten, überhaupt erst einmal eine „*gemeinsame Sprache*" zu finden.[65] Die Bildungsarbeit adressiert nicht nur Kurd*innen, sondern beinhaltet Aufklärung und Wissensvermittlung sowohl individuell als auch als Bildungsträger mit Informationsveranstaltungen für Fachkräfte und Institutionen.[66] Dabei müssen die Engagierten „*immer wieder Ruhe bewahren und erklären*".[67] Sprache dient eben nicht nur als Kommunikationsmittel, sondern ist auch Identifikationsmittel und Werkzeug, um Räume und Rechte zu beanspruchen.[68] Die Sprache ist wichtig. Sie

---

58 „meine Muttersprache ist kurdisch..." (10. Interview, Abs. 28)
59 1. Und 5. Interview
60 3. Interview
61 7. Interview
62 2. Interview
63 9. Interview, Abs. 21
64 28. Interview, Teil 2, Abs. 20;
65 26. Interview, Abs. 15–16
66 Interviews 10, 24, 26
67 10. Interview
68 28. Interview Teil 2, Abs. 20

geht über das Lernen und Sprechen des Kurdischen sowie über Sprachförderung hinaus. Sie dient als Sprachpolitik bzw. strategisches Instrument, um die eigene Existenz zu sichern. Denn, wie die Befragten wiederholt betonen, war die Sprachpolitik immer mit dem Existenzrecht verbunden.

> *„Das sind einfach Dinge, die einen Grund haben und der liegt in der Geschichte. Und diese Geschichte wird ja fortgesetzt, das geht ja bis in die Gegenwart. Indem du beispielsweise ein schreckliches, aber simples Beispiel die Muttersprache, die ein Kind mitbringt, stoppst, verbietest und das Kind eben einer anderen Sprache, der Bildungssprache dann aussetzt. Kommt in die erste Klasse, versteht kein Wort, hat ein Nachteil, das noch gekoppelt ist mit Ängsten, psychologischen Vorbehalten. Und so weiter und so fort.“*[69]

D. h. *„diese Menschen, die seit Jahrhunderten…“*[70] diese sprachliche Gewalt erfahren haben, leben auch jetzt mit den Bedingungen und Folgen.

3.3 Artikulation von Wünschen für Handlungsweisen

Die Befragten artikulieren Wünsche und Ideen für Handlungsweisen, die aus ihrer Sicht eine Veränderung herbeiführen könnten.

- **Sichtbarkeit, Anerkennung und normalisierte Teilhabe im öffentlichen Raum und in Institutionen.** Es wird wiederholt der Wunsch geäußert, dass die kurdischen Sprachen gleichberechtigt Anerkennung[71] finden. Ausdruck dieser Gleichbehandlung seien u. a. die selbstverständliche Übersetzung von Informationsmaterialen[72] überall dort, wo sie für andere Sprachgruppen in Deutschland standardmäßig vorliegen. Insbesondere die Bereiche Gesundheit, Bildung, Soziales, Flucht/Asyl werden benannt.
- Die **Diversität der kurdischen Sprachen normalisiert mit zu benennen** und zu berücksichtigen in z. B. Übersetzungen von Informationsmaterialien, bei Erstsprachenunterreicht usw. trage durch die öffentliche Sichtbarkeit zu ihrer Anerkennung bei und fördere das Vertrauen darin, dass diese Sprachen eher als „Brücke“ denn als Verdachtsmoment bewertet werden.[73] Statt einer misstrauischen Sicht, die genährt sei von der Vorstellung des Missbrauchs für

69 20. Interview
70 10. Interview, Abs. 28
71 26. Interview
72 2. Und 20. Interview
73 18. Interview

eine politischen Ideologie[74], für die Bevorzugung einer Person/Gruppe[75], wäre diese genährt von einer sichtbaren Anerkennung und könnte alle Beteiligten – nicht nur Kurd*innen – in diesem politisierten, emotionalen Sprachengeflecht entängstigen beim Phänomen sprachlicher Diskriminierung, für die bereits Beispiele von Glottophobia[76] angeführt wurden.

- **Keine Delegitimierung von Sprachrechten.** In einer Klasse haben Kinder sich nicht getraut zu sagen, dass sie Kurd*innen sind, und Kurdisch zu sprechen. Eine Befragte, die selbst Pädagogin ist, hat das mitbekommen, das hat sie „getroffen" und daher wollte sie Entlastung schaffen und hat mit ihnen Kurdisch gesprochen. Darauf wurde ihr gesagt, sie bevorzuge kurdische Kinder.[77] Dieser Vorwurf ist eine konkrete Verhinderung von empowernden Interaktionen. Sie gleicht dem Muster der Unterstellung von Förderung von Nationalismus (s.o.), um Ansprüche und Rechte zu delegimitieren. Es beinhaltet die Annahme, dass Ansprechen von Kindern in Kurdisch im Berufskontext sei eine politisch motivierte Bevorzugung.
- **Ermächtigen durch das Lernen der kurdischen Sprache für Kinder und Erwachsene.** Um der bestehenden Sprachdiskriminierung entgegenzuwirken, adressieren einige der befragten Kurd*innen die Anforderung und Aufforderung, die eigene Sprachkompetenz selbst weiterzuentwickeln[78] und insbesondere Möglichkeiten für Kinder zu schaffen, die kurdische Sprache zu erlernen.[79] Es bedürfe Anstrengungen zu dieser Möglichkeit oder gar einem Recht auf Lernen der Erstsprache zu kommen.[80] Das Lernen sollte in sicheren Räumen ohne Abwertung ermöglicht werden.[81]
- **Normalisierung durch Wissensvermittlung und strukturelle Inklusion.** Aufklärung und Wissensvermittlung[82] über die Existenz und Diversität der kurdischen Sprachen wird nicht allein als Aufgabe der Betroffenen bewertet, sondern von einigen Befragten als strukturelle Aufgabe, gerade

---

74 *„Ich spreche nicht als eine Person, die eine bestimmte Ideologie verfolgt, sondern die mit einer mit ihrer kurdischen Identität einfach nur mit ihrer Existenz diese Erfahrung macht. Und das darf nicht sein, das ist sozusagen dieses kriminalisiert werden und Angst haben, Kurdisch zu sein als in Deutschland geborene Kurdin… Also, dass ich keine Angst vorm Sprechen habe."* (34. Interview, Abs. 70)

75 7. Interview. Abs. 33

76 Glottophobie ist die irrationale Angst oder Abneigung gegenüber einer Sprache oder einem Akzent oder gegenüber Menschen, die diese Sprache oder diesen Akzent sprechen. Es handelt sich um eine Form der sprachlichen Diskriminierung, die sich auf verschiedene Weise äußern kann.

77 7. Interview, Abs. 6

78 18. Interview

79 1., 3., 18. Interview

80 Ebd.

81 1. Interview

82 20. Interview, Abs. 53

in der Bildungsarbeit für Berufe wie Sozialarbeitende, Polizist*innen oder Lehrer*innen[83] erachtet. Es erfordert auch eine Sensibilisierung in anderen Arbeitsbereichen bzw. für andere Bereiche wie Medien oder Justiz, für die Sprache fundamentales Kommunikationsmittel ist.[84]

Aus der Sicht einiger Befragte umfasst Wissensvermittlung auch die Historisch-politische Aufarbeitung[85] der „Sprachgeschichte"[86] und den einhergehenden Erfahrungen. Es sei keine private Geschichte, so ein Befragter: „*Dem werde ich als Privatperson doch gar nicht gerecht. Das Phänomen ist doch viel zu komplex. Da braucht es doch eine wirkliche Aufarbeitung und eine Stelle, die sich da schwerpunktmäßig mit beschäftigt.*"[87] Entsprechend gibt es wiederholt den Wunsch diese Aufarbeitung auch an die Wissenschaft zu delegieren, für diese Phänomene eine Sprache zu finden und die diskriminierenden Erfahrungen damit quasi beweisbar[88] zu machen.

4. Ausblick: Mehrdimensionale Sprachlosigkeit bedarf einer mehrdimensionalen Antwort

Menschen sind nicht per se sprachlos, sondern werden sprachlos gemacht oder nicht gehört (vgl. Spivak „Can the subaltern speak?"). Sprachlosigkeit ist das Ergebnis von struktureller Diskriminierung und Stigmatisierung, die dazu führen, dass Menschen nicht gehört werden und ihre Stimme nicht gehört werden kann. Die Gründe hierfür können vielfältig sein. Dazu zählen fehlende historische Sensibilität für Verletzungsverhältnisse, mangelnde Kenntnisse, tatsächliche Bedrohungen und physische Gewalt, bürokratische Gewalt, fehlende Räume zur Selbst-Ermächtigung und die Nicht-Anerkennung einer Sprache als symbolisches Kapital. Die in diesem Text präsentierten Auszüge aus den Forschungsinterviews spiegeln lediglich einige der geschilderten Erfahrungen und Verletzungen wider, die von Vielschichtigkeit geprägt sind. Die Sprache als zentrales Merkmal der Identität fungiert in diesem Kontext als Instrument, mittels dessen Menschen sich als „verletzbare und verletzungsfähige Subjekte" (Straub 2014, S. 74) in strukturell und historisch gebetteten Verhältnissen begegnen. Die Sprachlandschaft und die darin befindlichen Hierarchisierungen und Erfahrungen sind stets in Veränderung in den Herkunftsstaaten sowie in Deutschland.

83 31. Interview, Abs. 57

84 3. Interview, Abs 17

85 5. Interview, Abs. 56

86 16. Interview, Abs. 45.

87 33. Interview, Abs. 69

88 „*Dadurch gibt es die Schwierigkeiten, sich wissenschaftlich zu beziehen. Wenn man was erzählt, wird das immer gefragt: Woher haben Sie die Quelle?*" (12. Interview, Abs. 9)

Zusammenfassend lässt sich feststellen: Mehrdimensionale Sprachlosigkeit ist ein vielschichtiges Phänomen im Kontext des Antikurdischen Rassismus, das sich auf verschiedenen Ebenen manifestiert:

- **Historische Dimension.** Antikurdischer Rassismus findet seine Wurzeln in kolonialen Politiken, die im Zuge der modernen Nationalstaatsbildung sowie im Kontext globaler Machtverhältnisse und Konflikte (etwa während des Kalten Krieges) entstanden sind. In Staaten wie der Türkei, dem Iran, Syrien und dem Irak spielte die Negierung kurdischer Identitäten eine zentrale Rolle bei der Herausbildung ihrer staatlichen Ordnung. Dies führte zu einer systematischen Unterdrückung der kurdischen Sprache.
- **Transnationale Dimension.** Die Sprachlosigkeit setzt sich in der Diaspora fort. Bestehende rassistische Strukturen aus den Herkunftsländern werden in der Diaspora teils reproduziert. Ein zentraler Mechanismus des Antikurdischen Rassismus ist die Kriminalisierung der kurdischen Sprache: In den Hauptsiedlungsgebieten der Kurd*innen wurde die Verwendung der kurdischen Sprache verboten. Kurdische Literatur und die Weitergabe literarischer Geschichten wurden kriminalisiert. Kurd*innen haben in der Vergangenheit unter solchen linguizidalen Sprachpolitiken gelitten, die zusammen mit den heutigen Diskriminierungen in der Migrationsgesellschaft eine Fortsetzung eines historischen Verletzungsverhältnisses darstellen können.
- **Strukturelle Dimension.** Die Sprachlosigkeit zeigt sich in der mangelnden öffentlichen Anerkennung. Es fehlt generell an Wissen und Bewusstsein für Antikurdischen Rassismus in Deutschland. Es manifestiert sich mitunter in der Ungleichbehandlung der Menschen und ihrer Sprache. Kurdische Identität wird oft geleugnet oder herabgesetzt. Es besteht ein Mangel an Bewusstsein für die spezifischen Erfahrungen mit Rassismus. Hierbei geht es nicht um persönliche Herabsetzung, sondern um die indirekten Folgen struktureller Benachteiligung. Die Sprachlosigkeit kann sich auf verschiedene Lebensbereiche wie Bildung und Arbeitsmarkt auswirken.
- **Epistemische Dimension.** Die systematische Unwissenheit weist auf struktureller Ebene auf eine epistemische Dimension hin. Gepaart mit dominanzgesellschaftlicher Bagatellisierung, Gleichgültigkeit und verweigerte Anerkennung wirkt sie persistierend.
- **Institutionelle Dimension.** Die Sprachlosigkeit manifestiert sich auch auf institutioneller Ebene. So erleben kurdische Kinder in deutschen Schulen Stigmatisierung, Kriminalisierung und Diskriminierung.
- **Psychologische Dimension.** Die ständige Konfrontation mit Antikurdischem Rassismus kann zu einem Gefühl der Ohnmacht und Sprachlosigkeit führen. Die Erfahrung, dass die eigene Identität negiert oder abgewertet wird, kann psychische Belastungen verursachen.

Die mehrdimensionale Sprachlosigkeit im Kontext des Antikurdischen Rassismus ist somit ein komplexes, vielschichtiges Phänomen, das historische, kulturelle, sprachliche, transnationale und institutionelle Aspekte umfasst. Diese Sprachlosigkeit manifestiert sich auf verschiedenen Ebenen und hat weitreichende Auswirkungen auf Kurd*innen in Deutschland.

Um dieses vielschichtige Problem anzugehen, sind multidimensionale Ansätze erforderlich. Zunächst ist es von entscheidender Bedeutung, Antikurdischen Rassismus als eigenständiges Phänomen anzuerkennen, zu erfassen und zu erforschen. Dies würde dazu beitragen, die spezifischen Herausforderungen und Erfahrungen sichtbar zu machen und ein tieferes Verständnis für ihre Situation zu entwickeln.

Es ist wichtig, sichere Räume für Betroffene zu schaffen, in denen sie ihre Erfahrungen artikulieren können. Solche Räume können dazu beitragen, die Sprachlosigkeit zu durchbrechen und den Betroffenen eine Plattform für den Austausch und die Verarbeitung ihrer Erfahrungen zu bieten. Aber auch Aufklärungsarbeit und Sensibilisierung in der Gesellschaft könnten dazu beitragen, Vorurteile abzubauen und ein inklusiveres gesellschaftliches Klima zu schaffen. Dazu gehört auch die Entwicklung einer inklusiveren Erinnerungskultur, die auch kurdische Perspektiven einbezieht.

Zukünftige Forschung sollte Themen wie Mehrsprachigkeit, Spracherhalt und sprachliche Diskriminierung behandeln. Sie sollte auch insbesondere die postmigrantischen Verletzungsverhältnisse untersuchen, die in diesem Kontext zum Tragen kommen und durch historische Gewalt und Traumata geprägt sind. Die Untersuchung dieser Dynamiken könnte zu einem tieferen Verständnis der mehrdimensionalen Sprachlosigkeit beitragen.

Literatur

Adli, A. (2014). Das Persische und das Kurdische. In: Krifka, M., et al. Das mehrsprachige Klassenzimmer. Springer VS. https://doi.org/10.1007/978-3-642-34315-5_8

Ahmadi, Aina, Jaff, Daban, Ibn Alam, Md Mahfuz and Anastasopoulos. Antonios (2024). Language and Speech Technology for Central Kurdish Varieties. In Proceedings of the 2024 Joint International Conference on Computational Linguistics, Language Resources and Evaluation (LREC-COLING 2024), pages 10034-10045, Torino, Italia. ELRA and ICCL.

Alber-Mack, S. (2022). „Was interessiert jetzt den URdeutschen Schwaben KURDISCH? Oder so." Zur Relevanz migrationsgesellschaftlicher Mehrsprachigkeit im Unterricht aus Sicht der Lehrer*innen. In: Stock, M., Hodaie, N., Immerfall, S., Menz, M. (Hrsg.) Arbeitstitel: Migrationsgesellschaft. MiGS: Migration – Gesellschaft – Schule. Springer VS, Wiesbaden. https://doi.org/10.1007/978-3-658-34087-2_10

Altun, Tülay (2023). Rezension: Kırgız, Yaşar (2022): Mehrsprachigkeit im Kontext des Kurmancî-Kurdischen und des Deutschen. Eine Fallstudie aus einer kurdisch-deutschen Kindertagesstätte. Language Development Bd. 42. Tübingen: Narr. Rezensiert von Tülay Altun. Zeitschrift für Interkulturellen Fremdsprachenunterricht 28: 1, 483–488. https://doi.org/10.48694/zif.3565

Bahar, Baser (2017). Staatenlose Diaspora – Das Beispiel der Kurdinnen und Kurden. In: https://www.bpb.de/themen/migration-integration/kurzdossiers/256424/staatenlose-diaspora-das-beispiel-der-kurdinnen-und-kurden-in-deutschland/

Dhawan, Nikita (2007). Impossible Speech: On the Politics of Silence and Violence Volume 11 of West-östliche Denkwege; Academia Verlag.

Dirim, Inci/Mecheril, Paul (2018). Heterogenität, Sprache(n), Bildung. Die Schule der Migrationsgesellschaft. Reihe: Studientexte Bildungswissenschaft http://dx.doi.org/10.36198/9783838544434

Ghaderi, Çinur und Almstadt, Esther (2025) (i. E.): Antikurdischer Rassismus im Fokus. Beiträge zur Rassismusforschung in der deutschen Migrationsgesellschaft. Wiesbaden: Springer.

Gouma, Assimina (2020). Harmonie und migrantische Mehrsprachigkeit – Conclusio. In: Migrantische Mehrsprachigkeit und Öffentlichkeit. Springer VS, Wiesbaden. https://doi.org/10.1007/978-3-658-30869-8

Hassanpour, Amir (2000). The politics of a-political linguistic: linguists and linguicide. In Robert Phillipson (eds.), Rights to language: equity, power, and education, 33–39. Mahwah, New Jersey: Lawrence Erlbaum Associates.

Hassanpour, Amir/Sheyholislami, Jaffer/Skutnabb-Kangas, Tove (2012). "Introduction. Kurdish: Linguicide, resistance and hope". International Journal of the Sociology of Language, 217 (2012), pp. 1–18. https://doi.org/10.1515/ijsl-2012-0047

Hoppe, Marie (2022). Die Arbeit am rassifizierten Selbst: Subjektivierung entlang rassistischer und neoliberaler Logiken am Beispiel von Schulbildungsbiographien in der Türkei, ZDfm – Zeitschrift für Diversitätsforschung und -management, 2-2022, S. 148–160. https://doi.org/10.3224/zdfm.v7i2.03

Izady, M. R. (1992/2009). The Kurds: A Concise Handbook (Washington, DC: Crane Russak, 1992). Published online by Cambridge University Press: 23 April 2009.

Jasim, Dastan (2021). Kurdische Bevölkerung in Deutschland. Eine Million Unsichtbare. https://katapult-magazin.de/de/artikel/eine-million-unsichtbare; 3. November 2021.

Kırgız, Yaşar (2022). Mehrsprachigkeit im Kontext des Kurmancî-Kurdischen und des Deutschen. Eine Fallstudie aus einer kurdisch-deutschen Kindertagesstätte. Language Development Bd. 42. Tübingen.

Kurdische Vornamen (1997). Hrsg. NAVEND – Kurdisches Informations- und Dokumentationszentrum e.V., Schriftenreihe, Band 1.

Lüdi, Georges (2008). "Mapping immigrant languages in Switzerland", in: Barni, Monica/Extra, Guus (eds.): Mapping Linguistic Diversity in Multicultural Contexts. Berlin/New York: de Gruyter, 195–215.

Möller, Franziska (2023). Spracheinstellungen der kurdischen Diaspora in Deutschland. Zeitschrift für Interkulturellen Fremdsprachenunterricht 28: 2, 177–211. https://doi.org/10.48694/zif.3666

Möller, Franziska (2021): Zimanê min – Spracheinstellungen von Kurdischsprecher*innen verschiedener Herkunftsländer in Deutschland.

Öpengin, Ergîn (2012). Sociolinguistic situation of Kurdish in Turkey: Sociopolitical factors and language use patterns. International Journal of the Sociology of Language 217, 151–180.

Otcu, Bahar (2012). Vahap Coşkun, M. Şerif Derince, and Nesrin Uçarlar: Scar of Tongue: Consequences of the Ban on the Use of Mother Tongue in Education and Experiences of Kurdish Students in Turkey. Lang Policy 12, 355–357 (2013). https://doi.org/10.1007/s10993-012-9251-x

Phillipson, Robert/Skutnabb-Kangas, Tove (1996). Colonial language legacies: the prospects for Kurdish. In: Clark, Donald/Williamson, Robert (eds.). Self-Determination: International Perspectives. London: The Macmillan Press and New York: St. Martin's Press, 200–213.

Salah, Raman (2024). The role of anti-Kurdish language violence in the devastation of the 2023 earthquake. https://respondcrisistranslation.org/en/newsb/ks-the-role-of-anti-kurdish-language-violence

Schmalz, Dana (2016). „Von der komplizierten Freiheit, die eigene Muttersprache zu sprechen: Der Fall Semir Güzel vor dem EGMR", Völkerrechtsblog, 11. Oktober 2016, doi: 10.17176/20180522-184204.

Seidlitz, K. (2020). Musik & politischer Konflikt aus der Türkei: Kurdische, alevitische und linke Musik in Deutschland (Kultur und soziale Praxis). Bielefeld: transcript. https://doi.org/10.14361/9783839454763

Sheyholislami, Jaffer (2015). The language varieties of the Kurds. The Kurds – History, Religion, Language, Politics. Wien: Austrian Federal Ministry of the Interior.

Skubsch, Sabine (2002). Kurdische Migrantinnen und Migranten im Einwanderungsland Deutschland. Münster: Unrast.

Skutnabb-Kangas, Tove (1987). Bilingualism or Not: The Education of Minorities. Multilingual Matters.

Skutnabb-Kangas, Tove (2002). Sprache und Menschenrechte. In: Das Zeichen. 59, 2002, ISSN 0932-4747, S. 52–63, hier S. 55.

Sluglett, Peter (1976). British Colonialism and the Kurds in Iraq: 1926–1930. Britain in Iraq: 1914–1932. London: Ithaca Press; https://archive.globalpolicy.org/component/content/article/169-history/36382.html

Straub, Jürgen (2014). Verletzungsverhältnisse. Erlebnisgründe, unbewusste Tradierungen und Gewalt in der sozialen Praxi. In: Zeitschrift für Pädagogik 60(1) (2014), S. 74–95. URN: urn:nbn:de:0111-pedocs-146480. DOI: 10.25656/01:14648

Thoma, Nadja/Knappik, Magdalena (Hrsg.) (2015). Sprache und Bildung in Migrationsgesellschaften. Machtkritische Perspektiven auf ein prekarisiertes Verhältnis. Bielefeld: transcript.

Yeşil Sincar, Diren (2024). Anti-Kurdish Racism in Germany: Decolonial Perspectives on the German Education System, Diren Yeşil Sincar, South Atlantic Quarterly 123(4) (2024): 862–872. https://doi.org/10.1215/00382876-11381009

Yilmaz, Birgul (2018). Language ideologies and identities in Kurdish heritage language classrooms in London. International Journal of the Sociology of Language. 253, 2018, pp. 173–200. https://doi.org/10.1515/ijsl-2018-0030

Wurzeln, Erscheinungen und Konsequenzen von Antikurdischem Rassismus in Deutschland

Dastan Jasim

Einleitung

Antikurdischer Rassismus ist ein konzeptuell neues Themenfeld im Rassismusdiskurs, aber in der Praxis allgegenwärtiges Phänomen in Deutschland – das erlebe ich gerade in meiner Bildungsarbeit zum Thema der rassistischen Diskriminierung von Kurd*innen in Deutschland, aber auch in ihren Herkunftsstaaten Iran, Irak, Syrien und Türkei. Spreche ich allgemein vom Begriff Antikurdischer Rassismus, ist vielen kein direkter Zusammenhang mit eigenen Erfahrungen klar, doch sobald Beispiele aus Medien, aber auch aus dem Alltag aufgezeigt werden, bleibt kaum eine Person in der Audienz aus, die nicht selbst Beispiele nennen kann. Ein Phänomen, was so allgegenwärtig wie unkonzeptualisiert zu sein scheint.

Antikurdischer Rassismus ist ein spezifisches und oft wenig verstandenes Phänomen, das tief in historischen, politischen und gesellschaftlichen Kontexten verwurzelt ist. Es ist eng verbunden mit der (Migrations-)Geschichte Deutschlands, mit tagespolitischen Entwicklungen und den ganz eigenen Prozessen der politischen transnationalen Herausforderungen der kurdischen Bevölkerung. Anders als allgemeiner Rassismus, der häufig durch eine Wahrnehmung von Fremdartigkeit oder ethnischer Andersartigkeit motiviert ist, richtet sich Antikurdischer Rassismus spezifisch gegen das Kurdischsein als Produkt einer Geschichte, die vom Mittleren Osten bis nach Deutschland reicht.

Zwar entwickelt sich der bundesdeutsche Diskurs zum Thema Rassismus in Deutschland erst langsam seit der Entlarvung des NSU-Komplexes und des Attentats von Hanau und so könnte es naheliegen, dass das Gespräch über Antikurdischen Rassismus noch verfrüht oder gar zu speziell sei. Ich möchte in diesem Kapitel aber nahelegen, dass wir es quantitativ weder mit einer Randerscheinung zu tun haben noch qualitativ ignorieren können, wie das Verständnis der Genese und Praxis von antikurdischem Rassismus auch den allgemeinen Diskurs zum Themenfeld Rassismus voranbringen kann.

1. Die Rassifizierung der Kurden

Die Gegner*innen des Begriffs des Antikurdischen Rassismus bedienen sich wie viele Pessimist*innen der Erweiterung des Wortschatzes mit dem wir gruppenbezogene Menschenfeindlichkeit zu benennen versuchen, dem Argument, dass Kurd*innen keine Rasse seien und damit kein Rassismus gegen sie möglich sei. Diese Kritik wurde jedoch zu genüge widerlegt, da Rassismus sich als Begriff nicht durch die wissenschaftliche Existenz der Rasse als solche, sondern aus der Realität des Charakters und der Praxis der ausgeübten rassistischen Diskriminierung ergibt.

Étienne Balibar und Stuart Hall gehören zu den wichtigsten Vertretern der Theorieerweiterung des Rassismus ohne Rassen[1], der sich angeschaut hat, wie gerade in der Moderne Konzepte von Rasse und damit zusammengehörend Konzepte des „Anderen" entlang neuer und flexibler Kategorien wie Kulturen und Lebensweisen definiert werden. Kulturalismus und auch Ethnopluralismus, also Ideen von einer Welt in der verschiedene Kulturen und Ethnien nicht vereinbar seien und daher getrennt voneinander leben müssten, sind ebenfalls zu dieser Debatte gehörende Phänomene. Mit dieser Erkenntnis können wir verstehen, dass ein Antikurdischer Rassismus auch vollkommen ohne ein objektives Dasein von Kurd*innen als Rasse klarkommt. Kurd*innen werden zur Rasse, zum entmenschlichten und degradierten bis hin wegradierten „Anderen" durch das, was Rassisten tun und nicht das, was sie selbst sind.

An diese Erklärstrukturen reicht auch der Antikurdische Rassismus, der von verschiedensten staatlichen, medialen, aber auch gesellschaftlichen Strukturen unterschiedlich aufgezogen wird. Die Manifestationen von Antikurdischem Rassismus sind somit vielfältig. Tatsächlich ist aber der klassische koloniale Rassismus, den wir aus europäischen Darstellungen Schwarzer Menschen kennen, keiner, der keine Inspiration für den Antikurdischen Rassismus geliefert hätte. Im Gegenteil: Ein prominentes Beispiel ist die phänotypische Abwertung, bei der Kurden in Karikaturen und Medien, beispielsweise früh in der Gründungszeit der Türkei, als tierartige, unzivilisierte Wesen dargestellt werden. Solche Darstellungen gehen häufig mit geschlechtsspezifischen Diskriminierungen einher. Kurdische Frauen werden oft als unweiblich oder rückständig dargestellt, im Gegensatz zu idealisierten Bildern moderner türkischer oder persischer Frauen. Solche Bilder dienten dazu, Kurden in der Vergangenheit zu entmenschlichen und ihre kulturellen Ausdrucksformen wie traditionelle Kleidung oder Lebensweisen zu stigmatisieren.

1 Siehe dazu beispielsweise: Balibar, Étienne (1991). Is there a 'neo-racism'? In E. Balibar/I. Wallerstein (eds.), Race, nation, class: Ambiguous identities (pp. 17–28). Verso. *oder* Hall, Stuart (1996). New ethnicities. In D. Morley/K.-H. Chen (eds.), Stuart Hall: Critical dialogues in cultural studies (pp. 441–449). Routledge.

Ob also religiöse, kulturelle, gegenderte, oder sonstige „Andersartigkeiten": alles, was Kurd*innen ausmachte wurde genutzt um ihnen eine qualitativ schlechte Fremdheit anzudichten. Gleichzeitig ist die totale oder teilweise Verleugnung der Existenz eines eigenen kurdischen Volkes im Rahmen der Staatsgründung von Iran, Irak, Syrien und der Türkei ein zentrales Momentum was wichtig ist, um auch gegenwärtigen Antikurdischen Rassismus in Deutschland zu verstehen.

2. Die Dialektik aus Existenz des negativen und Inexistenz des positiven Kurdischen

Ob in den Kommentarspalten unter Onlinebeiträgen über die Unterdrückung von Kurd*innen oder in Internet-Foren: Wenn Antikurdischer Rassismus im Spiel ist, ist oft zunächst von einer kompletten Verleugnung der Gruppe die Rede. „Wann hat es jemals ein Kurdistan gegeben", fragen gerne beispielsweise türkische User, wenn vom Krieg in Kurdistan die Rede ist, „wir haben früher in Frieden im Osmanischen Reich gelebt, wieso spaltet ihr jetzt?" Oder wie sarkastisch unter Armenier*innen imitiert wird, wenn die ewigen Verleugner des Genozids an ihnen im Jahre 1915 reden: „Es gab nie einen Genozid, das ist eine Lüge, aber Armenier sind Vaterlandsverräter und wenn es einen gab, dann haben sie es verdient".

Der geschickte Trick hinter dieser rhetorischen Drehung ist einer, der zentral im Narrativ der Staaten, die Kurdistan besetzen, ist: Die „andere" Gruppe, in diesem Fall die Kurden, existieren nicht als distinkte Gruppe, die nationale Ansprüche wie eine Selbstverwaltung erheben könnte, aber gleichzeitig ist die Existenz von dieser Gruppe ein Verrat an sich. Die grausame Praxis der Gewalt gegenüber kurdischen Kindern unter baathiatischer[2], kemalistischer[3] oder

2 Der Ba'athismus ist eine panarabische, sozialistische Ideologie, die in Syrien und im Irak autoritäre Regime etablierte. In der Geschichte steht er für Repression, Arabisierungspolitik und die Unterdrückung kultureller und politischer Rechte der Kurdinnen und Kurden.

3 Der Kemalismus, benannt nach Mustafa Kemal Atatürk, ist die Staatsideologie der modernen Türkei. Er involvierte die Zwangsassimilation, das Verbot kurdischer Sprache und Kultur sowie die Verleugnung kurdischer Identität im Zuge des türkischen Nationalismus.

persisch-schiitischer[4] Kontrolle spiegelt diese Dialektik gut wider: Für das Sprechen der kurdischen Sprache wurden und werden sie teilweise bis heute physisch sanktioniert oder anderweitig diszipliniert und gleichzeitig können sie beweisen, dass sie gute Kinder sind, indem sie ihre Andersartigkeit Stück für Stück „unter den Teppich kehren". Bis ans Lebensende wird die kurdische Aussprache des Türkischen, Arabischen oder Persischen jedoch belächelt, das Relikt des anderen bleibt und ist für immer genug für die Kodierung eines Anderen, was ausgelöscht genug ist für die vielbeschworene nationale Einheit, jedoch genug Farbe trägt, für die Konstruktion des niedrigwertigen Anderen.

Ein weiterer Aspekt des Antikurdischen Rassismus ist die Konstruktion von Kurd*innen als Fremdkörper im Nahen Osten. Sprachliche und religiöse Vielfalt, die die kurdische Gemeinschaft prägen, werden genutzt, um sie als nicht dazu gehörig darzustellen. Dabei werden auch historische Lebensweisen, wie die semi-nomadische Kultur vieler Kurd*innen, gegen sie verwendet, indem sie als Beweis für mangelnde Zivilisation und Sesshaftigkeit herangezogen werden. Diese Narrative finden sich nicht nur in den Ursprungsländern der Kurd*innen, sondern werden auch in der Diaspora reproduziert, insbesondere in Deutschland.

Bereits 1988 zitierten Birgit Ammann und Jochen Blaschke in ihrer Studie über Kurd*innen in Deutschland folgende Aussage interviewter Schüler*innen in Berlin: „Kurden haben Schwänze und wohnen hoch in den Bergen", „die waschen sich nie und stinken und reden komisch mit ihren Eltern", „sie sind nicht richtig Türken wie wir, und das ist schlecht", „mein Onkel hat gesagt, wenn wir von denen reden, werden wir rausgeschmissen", „die sind alle schwarz verbrannt und haben Negerhaare wie Araber, reden können sie auch nicht richtig."[5] Bis heute sehen diese Beleidigungen ähnlich aus.

Ein besonderes Merkmal des Antikurdischen Rassismus ist in Konsequenz dieser täglichen Erniedrigungen und der schlichten Staatenlosigkeit der Kurd*innen, also ihrer institutionellen Unsichtbarkeit, die Verdrängung kurdischer Identität

4 Der persische Nationalismus, eng verbunden mit schiitischen Ideologien, hat sich historisch durch die Betonung einer einheitlichen nationalen Identität auf Grundlage persischer Kultur und schiitischen Islam manifestiert. Aus kurdischer Perspektive bedeutet dies oft die Marginalisierung nicht-persischer und nicht-schiitischer Identitäten. Kamal Soleimani und Ahmad Mohammadpour beschreiben in ihrer Forschung diesen „Perso-Shi'i Nationalismus" die Verbindung zwischen Religion und Nationalismus als Instrument der Assimilation, während sie auch über die Unterdrückung kurdischer Stimmen im Kontext des iranischen Nationalstaates thematisieren. Siehe: Soleimani, Kamal, and Ahmad Mohammadpour. "The securitisation of life: Eastern Kurdistan under the rule of a Perso-Shi'i state." Third World Quarterly 41.4 (2020), S. 663–682. Soleimani, Kamal, and Ahmad Mohammadpour. "Can non-Persians speak? The sovereign's narration of 'Iranian identity.'" Ethnicities 19.5 (2019), S. 925–947.

5 Blaschke, Jochen, and Birgit Ammann. „Kurden in der Bundesrepublik Deutschland: Ihre soziale und kulturelle Situation." Kurden: Alltag und Widerstand 90 (1988), S. 99.

aus dem öffentlichen Raum. Beispielsweise wird oft verhindert, dass kurdische Sprachen wie Kurmancî oder Soranî in Schulen unterrichtet werden. Dies ist Teil einer größeren Strategie, kurdische Kultur und Identität zu marginalisieren.

Selbst in Deutschland wird die kurdische Sprache in der Bildungslandschaft kaum gefördert, was dazu führt, dass viele kurdische Kinder Schwierigkeiten haben, ihre Muttersprache zu erlernen. Oftmals liegt diese mangelnde Förderung auch im bis heute sich hartnäckig anhaltenden Gerücht, dass es keine kurdische Sprache gäbe. Erst 2022 kam die Türkei-Journalistin Marion Sendker für einen Artikel im Deutschlandfunk in die Kritik der kurdischen Community, weil sie behauptete „Einen einheitlichen, international anerkannten Kurdenstaat hat es nie gegeben, so wie es auch nicht die einheitliche kurdische Sprache gibt."[6] Trotz mehrfacher Kritik steht dieser Satz genauso noch in diesem Artikel. Eine schlicht wissenschaftlich widerlegbare Aussage und in etwa so absurd wie zu behaupten Deutsch gäbe es nicht, weil ein Ostfriese und ein Schweizer sich im Zweifelsfall nicht problemlos verstehen könnten. In meiner Forschungsarbeit im Themenfeld der Mittelostforschung erlebe ich diesen Mythos allzu häufig. Wenn ich meine Feldforschung vorstelle, wird süffisant gefragt, welches Kurdisch „man bei mir zu Hause" denn spreche? Vollkommen undenkbar, dass ein deutscher Forscher in Sachen Sprachqualifikationen nach der „Heimsprache" gefragt werden würde. Wovon aber ausgegangen wird, ist, dass ich aus einer Familie komme, in der der Soranî Dialekt des Kurdischen gesprochen wird und nicht Kurmancî. Letzteres habe ich mir jedoch problemlos selbst angeeignet, schlicht und ergreifend, weil eine gute Beherrschung des eigenen Dialektes mit sich bringt, dass man einen Wort- und Grammatikschatz hat der tief genug geht, um den anderen Dialekt einfach aufzunehmen. Die antikurdische Idee ist jedoch nahezulegen, dass das eine das andere ausschließe.

Nebst der Verleugnung der Sprache ist auch die Verleugnung einer eigenen Geschichte, ähnlich wie im Falle antisemitischer Legenden über die angebliche Fremdartigkeit von Jüdinnen*Juden in Mittelost, ein zentraler Bestandteil dieser Strategien. Auch hier sind das keine Narrative, die sich von selbst in Deutschland aufgetan haben. Der Chefstratege und Urheber der sogenannten Arabisierungskampagne Syriens bei der hunderttausende Kurd*innen zu Staatenlosen erklärt, enteignet und getötet wurden, Mohammed Talib Hilal, schrieb beispielsweise in seiner Studie über die Cizire[7] Provinz:

> „Man muss also davon ausgehen, dass die Kurden ein Volk sind, das mit all seinen Bemühungen und Fähigkeiten versucht, sein illusionäres Gebilde und seinen angeblichen Traum zu verwirklichen. In dieser Perspektive werden sie als Feinde behandelt,

---

6 Sendker, Marion. „Die Türkei, das Ausland und die PKK" https://www.deutschlandfunk.de/pkk-tuerkei-terror-100.html (22.06.2022)

7 Eine mehrheitlich kurdisch bewohnte Provinz in Syrien

> die sich trotz der religiösen Verbindung nicht von Israel unterscheiden. In der Tat ist Kurdistan wie ‚Jahudistan‘ (ein Land der Juden, Anm. d. Aut.), wenn diese Berichte zutreffen. Hinzu kommen alle imperialistischen Faktoren, die Konzentration auf die Arbeit gegen den arabischen Nationalismus und die christliche Perspektive, die sich als Teil der globalen Karte des Widerstands erweist und darauf abzielt, der arabischen und islamischen Welt zu schaden“[8].

Das bedeutet, dass parallel zu der Unterdrückung der kurdischen Sprache und Kultur, die über Jahrzehnte in diesen Ländern verlief, wird ein nationales Epos oder gar eine Gesamterzählung des Mittleren Ostens aufgebaut, in der nur die hegemonialen Gruppen einen Platz haben und alles andere was wagt eine eigene Existenz zu behaupten oder gar nur zu leben, automatisch konspirativ, subversiv und spalterisch ist.

So ist es nicht überraschend, wenn ich immer wieder sogenannte Orientalist*innen, ein altbackenes Wort für Forscher*innen des Mittleren Ostens, treffe, die genau diese Narrative wiederholen oder andeuten. Es ist die Reproduktion einer Geschichtsschreibung, die die Nationalstaaten erkoren haben, in denen sie ihre Forschung betrieben, in deren Archiven sie arbeiteten, deren Werke sie übersetzten und deren Zugang sie auch politisch brauchten, um beispielsweise im Falle der Altorientalistik Grabungen machen zu können. In meiner Zeit als Studentin der Assyriologie in Heidelberg schätzte ich umso mehr die Offenheit der mich Lehrenden Professor*innen, die sich freuten über die politischen Debatten, die ich als Studentin in die Seminarräume brachte und die Fragen, die man sich stellen muss, wenn es um das Framing der Geschichte des Mittleren Ostens geht. Saddam Hussein selbst war ein großer Fan der Altorientalistik. Immer wieder liebte er es sich als Nachfahre von alten Königen wie Assurbanipal oder Nebukadnezar II darzustellen. Dementsprechend ließ er gerade viele deutsche, aber auch französische Orientalist*innen in den Irak. Ironisch sprach mein Dozent davon, wie er einer Wilkommensrede von Baathisten im Irak lauschen musste, die davon krakeelten, dass sie den ‚Kodex Hammurapi‘ (also das Recht und das Gesetz selbst) erkoren hätten und alle europäischen Länder von ihnen lernen könnten - und das während im Irak unter ihrer Herrschaft alles Recht und Gesetz mit Füßen getreten wurde. Dennoch ist es wichtig mit neuen Augen auf diese Geschichtsschreibung zu blicken und Antikurdischen Rassismus zu entdecken – oder vielleicht andere Parallelen zu ziehen. Ein anderer Dozent erzählte einst über die grausamen Methoden der Deportation von Bevölkerungsgruppen wie den Israeliten durch die Assyrer – und er kam nicht drum herum eine Parallele zum Genozid Saddams zu ziehen. Die Geschichtsschreibung des alten Orients ist gar nicht so alt. Erst seit dem 19. Jahrhundert wissen wir komplett,

---

8 Al-Nuwaji, M.T. (1963). Eine Studie des Al-Jazira Governorats: Nationale, soziale und politische Aspekte [دراسة عن محافظة الجزيرة: القومية، الاجتماعية، السياسية], S. 44

wie man beispielsweise das Akkadische entziffert. Diese Entschlüsselung passierte in einem politisch angespannten Rahmen. Das heißt anzuerkennen, dass die wissenschaftliche Debatte darum, wer wirklich zum Mittleren Osten gehört und wer auf welche Kontinuität verweisen kann, sehr jung ist und auch daran gezweifelt werden darf.

Dank einer exzellenten Ausbildung in Fragen der Geschichte der Region, aber auch in Fragen von Sprache und Kultur, kann ich in Situationen der Verleugnung reagieren. In diesen Momenten habe ich das Wissen und das „dicke Fell", was es braucht, um diese Taktiken auflaufen zu lassen und wieder auf den Boden der wissenschaftlichen Tatsachen zu kommen, doch das war und ist harte Arbeit. Für viele Menschen in Deutschland ist es keine Option das Leben in diesem ewigen Kreislauf aus Verleugnung und Erniedrigung zu leben. Diese Dialektik zu begreifen und zu dechiffrieren ist jedoch ein erster Schritt, um dies für Menschen kurdischer Herkunft im Alltag zu erleichtern.

3. Modernisierungsrassismus

Wie in so vielen kolonialen und rassistischen Bewegungen der Welt, die etwa ihren Expansionismus als göttliche, missionarische Wohltat oder als zivilisatorische Mission beschrieben, empfanden diejenigen Länder, die Millionen Kurd*innen von einem auf den anderen Tag zum Teil der eigenen Nation ernannten und damit aber zu Bürger*innen zweiter Klasse erklärten, dass ihre Mission eine des Fortschritts und der Modernisierung sei. Und das macht Rassismus in einem anderen Gewand im Zweifelsfall zu einer gar altruistischen Mission.

Kurd*innen kennen diese Narrative zu gut. Gerade im Modernisierungsdiskurs der frühen türkischen und iranischen Republik und auch später in der Kreation des*der neuen, modernen Araber*in durch die Ideologie der Ba'athisten war das zurückgebliebene, hinterwäldlerische und schließlich auch verräterische „Andere" die eine minorisierte Gruppe, die allein zahlenmäßig am meisten Probleme anstellen konnte: die Kurd*innen. In der Türkei stellen sie schätzungsweise mindestens 25 % der Population, im Iran um die 20 % im Irak und Syrien 10 %. Wenn nun aber argumentiert werden kann, dass die Kreation eines innenpolitischen Fremden ein Akt der Modernisierung und sogar der Selbstverteidigung ist, dann kann auch die eigene Rolle als antiimperialer Staat, was gerade in der Türkei, Syrien und Irak ein wichtiger Ausgangspunkt war, aufrechterhalten werden.

Gerade Mustafa Kemal Atatürk[9] behauptete in seinen frühen Tagen, dass die massenweise Enteignung und Deportation von Kurd*innen notwendig sei, um die Modernisierung des Landes voranzubringen und eine tatkräftige Masse an Arbeitenden aufzubauen, die die Industrialisierung des Landes voranbringen

9 Gründungsideologe und erster Präsident der Türkei ab 1923

können. Auch die Debatten um das GAP, das sogenannte Südostanatolien Projekt, ein Sammelsurium verschiedenster Staudammprojekte, die stand heute fast völlig umgesetzt sind, wurde eingebettet in einen Diskurs in dem die unwiderrufliche Veränderung der Flora und Fauna in Kurdistan und die Räumung tausender Dörfer sowie die Flutung der antiken Stadt Hasankeyf eine Wohltat des Staates für die Modernisierung der Menschen dort sei. So überrascht auch in Deutschland nicht der häufige antikurdisch rassistische Vorwurf, dass die widerspenstigen Kurd*innen undankbar seien und die Hand beißen würden, die sie füttert. Ein häufiger Kommentar, der auch mir in meiner Schulzeit begegnete, war, dass Kurd*innen undankbar seien, da sie das ‚Wasser der Türken tränken' und das ‚Brot der Araber äßen' und sich dennoch abspalten wollen.

Diese antikurdischen Narrative sind auch geografisch weitreichend und wirken bis in die bundesdeutsche Gesellschaft hinein. Selbst mein Vater, der 1985 inmitten Saddams Krieg mit dem Iran und seiner grausamen Kampagnen gegen die kurdische Bevölkerung nach Deutschland floh, stieß auf Unverständnis seiner Nachbar*innen. „Was stört dich denn da? Der Saddam baut euch ein richtiges Land auf, Straßen und Häuser, was wollt ihr mehr? Was wollt ihr in Deutschland?" Bundesdeutscher und mittelöstlicher Rassismus treffen sich hier symbiotisch und führen eben diese Modernisierungserzählung fort: Weil Saddam Hussein gerade in den 80er Jahren unzählige deutsche Unternehmen in den Irak einlud und sich von ihnen Folterknäste wie dem Amnasuraka in Sulaimaniya von der DDR bauen oder chemische Kampfstoffe aus der BRD importieren ließ, baute er sich in der öffentlichen Meinung das Image eines Machers auf. Das heutige eindeutige Diktatorenbild, was wir von Saddam Hussein haben, war damals noch nicht ansatzweise gegeben. Die Ikonografie mit denen Diktatoren wie Atatürk oder Saddam, aber auch der Schah von Persien arbeiteten, korrespondierten enorm mit den Bildern von „good governance", die ein Land wie die Bundesrepublik hatte, das seine eigene NS-Aufarbeitung noch nicht wirklich vollzogen hatte. Nicht zuletzt bekamen das die protestierenden Studierenden gegen den Schah im Juni 1967 zu spüren.

Diese Perspektiven halten sich hartnäckig bis heute und das in den überraschendsten Formen. Von Mitgliedern der AfD bis hin zu Personen in reaktionären linken Strömungen gab es nach Jahren des grausamen Kriegs in Syrien beispielsweise immer noch Menschen, die Assads Herrschaft schönredeten. Der Unglaube der Menschen vor Ort gegenüber und/oder der Hass gegenüber Flüchtlingen im „eigenen Land" ließ einige ideologische Überkreuzungen aufblühen. Nach dem Sturz Bashar al-Assads titelte die *junge Welt* beispielsweise: „Kein Vertrauen in neue Führung"[10]. Ihre Autorin Karin Leukefeld, die als einzige deutsche Journalistin bis zum Ende besten Zugang zur ba'athistischen Republik hatte und viel

10 Leukefeld, Karin. „Kein Vertrauen in neue Führung" https://www.jungewelt.de/artikel/490751.krieg-in-syrien-kein-vertrauen-in-neue-f%C3%BChrung.html (30.12.2024)

Kritik dafür bekam[11], spricht über die Kritik gegenüber den neuen islamistischen Machthabern. Dies tut sie aber ausgerechnet in einem Interview mit der Syrisch Sozialen Nationalistischen Partei, die wie der Name und das Gründungsjahr 1932 deutlich macht, eine Schwesterpartei der deutschen Nationalsozialist*innen ist. Deren Gründer Antun Sa'ada war der festen Überzeugung, dass nebst einer Löschung Israels ein Großsyrien nötig sei, dessen nördliche Grenzen natürlich tief in das Taurus-Gebirge, das Kernland der Kurd*innen, ragen solle.

Dass solche Interviews und solche Formate weiterhin möglich sind zeugt von einem großen Mangel an historischer und vor allem transnationaler Aufarbeitung, aber auch einer Affinität gegenüber dem Modernisierungsrassismus vieler Autokraten. Es braucht hierzu tiefgreifendere Aufarbeitung. Sie ist mühsam, sie ist schwer, doch es geht kein Weg an ihr vorbei, vor allem in einer globalisierten Welt in der multikulturelle Gesellschaften, die aus Migration, aber auch aus Flucht entstehen, diese auch global begreifen müssen.

4. Wenn aus ziviler Partizipation „importierte Konflikte" werden

So kann die Kontinuität von Antikurdischem Rassismus in Deutschland nicht isoliert verstanden werden. So sehr Deutschland momentan die Tendenz hat, Antirassismus als ein verschiedene Gruppen beschwichtigendes Beruhigungsprogramm zu sehen, braucht es eine fundamentale Aufarbeitung, um wirklich Probleme lösen zu können.

Im November 2021 schrieb ich dazu einen längeren Text für das Katapult Magazin und unterfütterte dies mit Daten, die ich selbst von Kurd*innen in Deutschland erhob, die das tiefe Misstrauen und das Gefühl politischer Stigmatisierung wiedergaben, die Kurd*innen empfinden. Als die Türkei im Januar 2018 das überwiegend kurdische Gebiet Afrin in Nordwest-Syrien militärisch besetzte, kam es in Deutschland zu zahlreichen Massendemonstrationen dagegen. Ich entschloss mich, eine Onlinebefragung durchzuführen, um die Wahrnehmung der deutschen Außenpolitik durch hier lebende Kurd*innen zu erfassen und ihre Sichtweisen darzustellen, insbesondere angesichts der medialen Darstellung dieser Proteste. Für mich selbst als Teilnehmerin dieser Proteste war es jedes Mal verblüffend, wie deutlich wir darauf aufmerksam machten, dass wir gegen eine militärische Offensive protestierten und wie negativ wir dann doch in den Medien dargestellt wurden.

---

11 Nowak, Peter. „Das Problem Einseitigkeit" https://taz.de/Kritik-an-Korrespondentin/!5964117/ (29.10.2023)

Im Artikel[12] erörterte ich die Geschichte der kurdischen Migration nach Deutschland, die zeigt, wie stark die politische und gesellschaftliche Situation Kurd*innen geprägt hat. Die ersten größeren Gruppen kamen in den 1960er Jahren als Gastarbeiter, vor allem aus der Türkei. Doch mit den politischen Umbrüchen der 1980er Jahre, insbesondere nach der islamischen Revolution im Iran 1979, dem Militärputsch in der Türkei 1980 und dem Anfal Genozid Saddams in den 1980er Jahren, veränderte sich die Migration grundlegend. Viele kamen nicht mehr über den Weg der Gastarbeiter*innen, sondern als politische Geflüchtete – sie waren Schutzbedürftige, die vor Unterdrückung, Verfolgung und Gewalt flohen. Demos, Proteste, Kundgebungen – das gehört seit je her zu ihrer Realität in Deutschland und politische Bündnisse von kurdischen Gruppen reichen weit in die 70er Jahre, wo sie sich in Städten wie Bonn oder Hamburg mit linken Gruppen zusammentaten. Dennoch bleibt dieser Aktivismus verpönt.

Meine Umfrage, die über verschiedene kurdische Newsletter, Vereinswebseiten, Onlineforen und soziale Medien verbreitet wurde, beantworteten rund 400 Teilnehmer*innen. Die Mehrheit von ihnen war in Deutschland geboren und wahlberechtigt. Auf einer Skala von 1 (gar nicht berücksichtigt) bis 6 (sehr berücksichtigt) lag der Durchschnittswert der Antworten auf die Frage „Fühlst du dich als Kurd*in von der deutschen Politik berücksichtigt?“ bei 2,1, was darauf hindeutet, dass sich viele Kurd*innen in Deutschland politisch wenig beachtet fühlen. Diese Ergebnisse lassen sich auch in diesem historischen Kontext verstehen: In den 1990er Jahren verschärfte sich der Krieg in Kurdistan, besonders in der Türkei. Tausende kurdische Dörfer wurden verbrannt, Menschen getötet und nichts geschah von Seiten der Bundesregierung, um diese Gewalt zu beenden. Die Rechtlosigkeit schien allgegenwärtig, als dann 1999 nach Abdullah Öcalan, dem Gründer der Arbeiterpartei Kurdistans (PKK) gefahndet wurde und er zunächst zum Tode verurteilt wurde. Die schiere Machtlosigkeit, das blanke Entsetzen über dieses Zweierlei, das ich hier bereits erwähnte, aus der Unsichtbarmachung kurdischer Identitäten und der Allgegenwärtigkeit der Ungerechtigkeit, trieb viele bereits traumatisierte kurdische Geflüchtete zu radikalen Aktionen. Einige blockierten Autobahnen, andere verbrannten sich bei lebendigem Leibe – in Mannheim etwa, wo ich 1993 geboren wurde. Als Kind habe ich es nie verstanden, wie es möglich ist, dass wir nur negative Schlagzeilen machen und wie selbst dann, wenn unser Protest darin besteht uns selbst Leid anzutun, nicht einmal das ein Anlass ist für Menschen nachzuschauen, woher diese tiefe Hoffnungslosigkeit kommt. Deutschland war aber in den 1990er Jahren beschäftigter damit, Exempel für die Terrorlistung der PKK zu setzen, und schob 1992 sogar zunächst das Mykonos-Attentat der iranischen Revolutionsgarden an kurdischen

12 Jasim, Dastan. „Eine Million Unsichtbare“ https://katapult-magazin.de/de/artikel/eine-million-unsichtbare (03.11.2021)

Oppositionspolitikern in Berlin der PKK in die Schuhe.[13] Es ist die Geburtszeit eines deutschen Diskurses, in dem kurdischer Protest nichts als ungewollter Krach ist – ohne Hintergrund, ohne kurdische Stimmen.

Verschwendetes Potential, denn in meiner Umfrage zeigte sich, dass ein Großteil der Befragten ein starkes Interesse an politischen Themen hat und nur einfach mit der deutschen Außenpolitik unzufrieden ist. In Zeiten, in denen über Politikverdrossenheit gestritten wird, eigentlich eine Überraschung: das eine migrantische Community, die genug mit dem eigenen Gemeinwesen und dem Zustand seiner Herkunftsstaaten beschäftigt ist, dass sie Unmut äußern können, dass sie wünschen in Deutschland mitzusprechen. Dies unterstreicht, dass die kurdische Frage für viele in Deutschland ein transnationales Anliegen darstellt, das nicht strikt in Innen- und Außenpolitik getrennt werden kann. Interessant war aber auch ein weiteres Ergebnis meiner Befragung: dass die Informationsquellen über Kurdistan nahezu gleichmäßig zwischen deutschen und nicht-deutschen Medien aufgeteilt sind. Dies widerlegt das Klischee, dass protestierende Kurd*innen der deutschen Sprache nicht mächtig seien und mental in ihrer „Heimat" verblieben wären. Das zeigt aber, dass Antikurdischer Rassismus eben nicht etwas ist, was sich mit einem fehlerfreien Deutsch wegradieren ließe. Es ist ein politisches System, was sich einer politischen Bewegung entgegenstellt.

Als ich die Ergebnisse analysierte, wurde mir klar, wie sehr die Migrationsgeschichte das heutige Bewusstsein der kurdischen Gemeinschaft in Deutschland prägt. Viele fühlen sich bis heute politisch marginalisiert und übersehen – trotz ihrer jahrzehntelangen Präsenz und Integration. Diese Unsichtbarkeit in der deutschen Öffentlichkeit und Politik hat historische Wurzeln und ist bis heute spürbar. Meine Arbeit zeigt, wie wichtig es ist, diese Zusammenhänge offenzulegen und den Stimmen der kurdischen Gemeinschaft Gehör zu verschaffen.

Wir sehen also: Deutschland hat eine lange Geschichte der politischen und wirtschaftlichen Verbindungen zu autoritären Regimen im Nahen Osten, die oft antikurdische Ideologien propagieren. Dadurch wurden rassistische Stereotypen über Kurd*innen in den deutschen Diskurs übernommen und verstärkt. Dies zeigt sich auch etwa in der kriminalisierenden Berichterstattung über kurdische politische Bewegungen in den 1990er Jahren oder in der mangelnden Anerkennung kurdischer Fluchtursachen in der deutschen Asylpolitik. Bis heute sind die meisten aus der Türkei nach Deutschland fliehenden Menschen kurdischer Herkunft und gleichzeitig sind auch die meisten abgelehnten Flüchtenden aus der Türkei kurdischer Herkunft[14]. Gleichzeitig war 2024 ein Rekordjahr in Sachen

13 Stehnke, Wolfgang. „29 Kugeln auf kurdische Exilpolitiker in Berlin" https://www.deutschlandfunk.de/29-kugeln-auf-kurdische-exilpolitiker-in-berlin-100.html 17.09.2012

14 ProAsyl. „In der Türkei verfolgt, von Deutschland abgelehnt: Kurd*innen brauchen Schutz!" https://www.proasyl.de/news/in-der-tuerkei-verfolgt-in-deutschland-abgelehnt-kurdinnen-brauchen-schutz/ (12.01.2024)

deutscher Waffenexporte an die Türkei[15]. Die Fluchtursachen, die Kriege, die Diskriminierung von Kurd*innen kann dann wiederum, wenn sie die zweitgrößte migrantische Gruppe in einem Land wie Deutschland sind, was wie kaum ein anderes mit der Türkei verbandelt ist, nicht getrennt vom Phänomen des Antikurdischen Rassismus in Deutschland betrachtet werden. Auch die Systematik in der kurdische Fluchtgeschichten in Deutschland subsumiert wurden, etwa indem sie pauschal als Gastarbeiter*innen oder allgemein als politisch Verfolgte kategorisiert wurden, ohne die spezifischen ethnischen und politischen Hintergründe ihrer Verfolgung anzuerkennen, führt zu der Lage, die wir jetzt haben.

Antikurdischer Rassismus hat also institutionelle Dimensionen. In Deutschland beginnt dies bereits, wie man in der Geschichte sieht, bei der Flüchtlingspolitik. Kurd*innen, die aufgrund ethnischer Verfolgung fliehen, werden bis heute oft nicht als solche anerkannt. Stattdessen müssen sie eine individuelle Verfolgung nachweisen, was ihre rechtliche Situation erheblich erschwert. Gleichzeitig wird die spezifische Gewalt gegen Kurd*innen, etwa durch türkische ultranationalistische Gruppen, selten als rassistisch motiviert anerkannt. Allzu oft wird einfach von Scharmützeln geredet oder etwa von importierten Konflikten, wobei einfach zwei willkürliche migrantische Gruppen gesehen werden, die sich bekriegen. Diese institutionelle Blindheit trägt dazu bei, dass kurdische Gemeinschaften in Deutschland oft allein gelassen werden, wenn sie Diskriminierung oder Gewalt erfahren.

Gleichzeitig haben Akteure wie die Türkei ihren Nutzen in der Bearbeitung von Themen wie „Islamophobie" gefunden und sind seit Jahren daran in deutschsprachigen Formaten Leute, die von antimuslimischer Diskriminierung betroffen sind, in ihre ideologischen Fänge zu bringen. Vielmehr gibt es sogar in Hinterzimmergesprächen (der sich entwickelnden Antirassismusszene) Stimmen, die Diskriminierung von Kurd*innen ließe sich ja einfach unter ersterem Thema der Islamophobie sortieren oder Kurd*innen sollen sich einfach allgemeinen Initiativen anschließen. Das ist jedoch nicht nur ein Hohn gegenüber allen nichtmuslimischen Kurd*innen, wie beispielsweise den Êzid*innen, die eine effektive Bearbeitung ihrer Themen verdienen, sondern Teil einer Strategie das kurdische Thema endgültig zum Schweigen zu bringen. Es wäre eine Lösung die, wie auch die Herkunftsstaaten der Kurd*innen es beabsichtigten, eine Antwort der kurdischen Frage in der Verstummung der kurdischen Frage sehen.

15 ZEIT Online. „Rüstungsexporte in die Türkei erreichen höchsten Stand seit 2006" https://www.zeit.de/politik/deutschland/2024-12/deutschland-tuerkei-ruestungsexporte-hoechswert (12.12.2024)

5. Was tun?

Viele ganz verschiedene Menschen folgen meiner Arbeit. So wie es in der Wissenschaft üblich ist, weiß man jedoch manchmal gar nicht, inwiefern die eigene Arbeit dann praktische Auswüchse oder theoretische Resonanzen hat. Meine Präsenzveranstaltungen, aber auch das Feedback meiner Follower*innen, helfen mir sehr zu sehen, wie diese Schleife mit der Realität verläuft – und sie ist meine größte Motivation. Letztes Jahr, kurz nach dem 10. Jahrestag des Genozids an den Êzid*innen von 2014, schrieb mir eine deutsche Lehrerin, dass ihr meine Arbeit geholfen hat den Rassismus an Kurd*innen im Klassenzimmer besser zu erkennen, aber beispielsweise auch auf die speziellen Bedarfe ihrer zwei êzidischen Schüler einzugehen. Ich hätte mir nichts Schöneres vorstellen können. Und, egoistischerweise, ist es wie ein kleines Pflaster auf das Herz meines vergangenen Ichs, welches von allen möglichen Mehrheitsgesellschaften, ob deutschen oder migrantischen, auf gewaltvolle Art diskriminiert wurde – dafür eine Kurdin zu sein. So kompliziert, wirr und dunkel das Bild ist, das ich in diesem Kapitel zeichnete, so deutlich ist es, dass wir handeln können und auch Möglichkeiten für Veränderungen bestehen. Die Basis ist aber eine richtige Analyse, die sich vor Komplexität nicht scheut.

Um Antikurdischen Rassismus zu bekämpfen, bedarf es tiefgreifender struktureller Veränderungen. Politische Entscheidungsträger müssen die spezifischen Bedarfe kurdischer Gemeinschaften anerkennen und fördern, angefangen bei der statistischen Erfassung ethnischer Diskriminierung über die Förderung von Bildungsangeboten in kurdischen Sprachen bis hin zur Unterstützung zivilgesellschaftlicher Organisationen. Ebenso wichtig ist die Sensibilisierung für Antikurdischen Rassismus in Schulen, Medien und Institutionen. Kurdische Identität sollte nicht nur als Teil der deutschen Migrationsgesellschaft anerkannt, sondern auch positiv dargestellt werden, um Vorurteile abzubauen und Solidarität zu fördern.

Dazu braucht es jedoch auch, dass kurdische Gruppen selbst aufeinander zugehen und sich selbst in diesem Aufbau kollektiven Wissens referenzieren. Zu sehr muss ich leider noch wahrnehmen, dass diese inneren Synergien fehlen. Dieser Sammelband ist ein wichtiger Schritt zur Besserung in diesem Bereich.

Abschließend bleibt festzuhalten, dass der Kampf gegen Antikurdischen Rassismus nicht nur ein Anliegen der kurdischen Gemeinschaft ist, sondern eine Aufgabe der gesamten Gesellschaft. Denn eine demokratische und inklusive Gesellschaft kann nur entstehen, wenn alle ihre Mitglieder in ihrer Vielfalt anerkannt und respektiert werden. Kurdische Diaspora-Gemeinschaften in Deutschland haben das Potenzial, Brücken zu bauen und transnationale Verbindungen zu nutzen, um sowohl ihre eigenen Rechte als auch die Solidarität mit anderen marginalisierten Gruppen zu stärken – ob im Kampf gegen Rassismus, Antisemitismus oder Islamismus. Meine Zusammenarbeit mit anderen Communities, die dieselben Ziele teilen, wie der jüdischen, assyrischen, aramäischen, pontos-griechischen, iranischen oder afghanischen Community, zeigt, dass ein großer Wille und große Kraft da ist. Dies erfordert jedoch einen klaren bundespolitischen Willen und eine breite gesellschaftliche Unterstützung, um bestehende Ungleichheiten zu überwinden und eine gerechtere Zukunft zu gestalten, die sich nicht in einfachen Halblösungen verirrt.

Kurdische Namen als Zeugen transnationaler Rassismusdynamiken: Ein empirischer Einblick in die Erfahrungen von Kurd*innen in Deutschland

Rosa Burç und Esra Yula

Einleitung

> *„Meine Eltern wollten mir einen kurdischen Namen geben, der übersetzt ‚Trauer' bedeutet, sie wollten so unsere Geschichte festhalten, aber damals war das nicht möglich, sie mussten einen türkischen Namen registrieren (...) In Deutschland habe ich dann wieder einen kurdischen Namen angenommen, aber nicht den, der übersetzt ‚Trauer' bedeutet. Ich habe mich für einen Namen entschieden, der übersetzt ‚neues Leben' bedeutet." (N.*[1], 1. Generation)*

> *„Ich mochte lange meinen Namen nicht, ich wurde in der Schule von türkischen Mitschüler*innen geärgert und von deutschen extra falsch ausgesprochen, heute nehme ich mir meinen Namen zurück, ich schreibe ihn sogar mit der korrekten kurdischen Schreibweise, mit Hut auf dem e." (Gulê*, 2. Generation)*

Diese Aussagen stammen aus den Vorstellungsrunden von zwei Fokusgruppen, die wir im Rahmen unserer Studie zu intermigrantischen Dynamiken und transnationalen Rassismuserfahrungen am Beispiel von Communities mit Türkei-Bezug durchgeführt haben.[2] Wie exemplarisch in den Zitaten zu sehen ist, können Namen eine zentrale Rolle im Leben von Kurd*innen einnehmen. Einerseits fungieren sie als Symbole der eigenen Geschichte und Identität und andererseits

1 Alle Namen sind anonymisiert.

2 Die Studie trägt den Titel „Intermigrantische Rassismen und Solidaritäten" und ist ein gemeinsames Projekt des Nationalen Diskriminierungs- und Rassismusmonitors (NaDiRa) und der Abteilung Migration des Deutschen Zentrums für Integrations- und Migrationsforschung (DeZIM-Institut). *Der NaDiRa wird im Rahmen des Bundesprogramms „Demokratie leben!" durch das Bundesministerium für Bildung, Familie, Senioren, Frauen und Jugend (BMBFSFJ) gefördert. Für die Inhalte dieser Veröffentlichung tragen die Publizierenden die Verantwortung.* Dieser Beitrag beruht auf den Daten der ersten Projektphase Mai 2023 – Dezemeber 2024.

wirken sie in alltäglichen Situationen häufig als soziale Marker, die sowohl Zugehörigkeit und Selbstbestimmung als auch rassistische Ausgrenzung und Marginalisierung evozieren können. Unsere Entscheidung, uns in diesem Beitrag einem vermeintlich sekundären Thema – den Namen – zu widmen, ist das Ergebnis eines bottom-up- und induktiven Ansatzes bei der empirischen Erfassung und iterativen Kodierung von Rassismuserfahrungen mehrfach marginalisierter Personen in Deutschland. Dieser Ansatz hat uns ermöglicht zu erkennen, dass Namen eine zentrale Rolle dabei spielen, wie Betroffene rassistische Strukturen navigieren, dabei Handlungsstrategien entwickeln und wie transnationale Gewalt- und Verletzungsverhältnisse in Deutschland nachwirken.

Im ersten Zitat erzählt N. eine Geschichte, die auch von vielen anderen Studienteilnehmer*innen geteilt wurde: Die systematische Unsichtbarmachung der türkischen Leugnungspolitik über die Türkifizierung kurdischer Marker, sei es Personen-, Straßen- oder Ortsnamen. Gleichzeitig zeigt die Erzählung von N., dass Namen über Generationen hinweg eine zentrale Rolle in der Selbstverortung und Selbstidentifizierung von Kurd*innen einnehmen, indem sie beschreibt, wie ihre Eltern mit dem kurdischen Wort für „Trauer" einen Verweis auf die Verfolgungsgeschichte und kollektive Erinnerung setzen wollten und somit die kurdische Identität und Geschichte, die von Seiten des Staates unsichtbar gemacht wird, subversiv sichtbar zu machen. Interessanterweise entschied sich N. in Deutschland nicht den ursprünglichen Namen anzunehmen, sondern für einen anderen kurdischen Namen, der „neues Leben" bedeutet. Diese Wahl impliziert nicht nur ein bewusstes Wiederherstellen von Sichtbarkeit als Gegengewicht zur historischen Unsichtbarmachung, sondern auch ein aktives Resignifizieren kurdischer Identität und neues Subjektempfinden transportiert über *Namen*.

Die Aushandlung von Zugehörigkeit, Subjektpositionierung und Selbstidentifikation findet im Kontext von miteinander verflochtenen Rassismen statt, wie das zweite Zitat symbolisch zeigt. Gulê schildert, wie ihr kurdischer Name in der Schule Zielscheibe zweifacher Ausgrenzung wurde: Von Mitschüler*innen mit türkischem Hintergrund erfuhr sie Ausgrenzung aufgrund ihrer kurdischen Identität, der vor allem über den Namen sichtbar wurde, während deutsche Mitschüler*innen ihren Namen absichtlich falsch aussprachen. Diese Erfahrungen verdeutlichen, wie Rassismen in der Dominanzgesellschaft und in intermigrantischen Kontexten parallel wirken und ineinandergreifen. Die Erfahrungen von rassistischer Markierung führten dazu, dass sie ihren Namen lange ablehnte. Doch später, als Zeichen der Rückaneignung, begann Gulê, den Namen mit der korrekten kurdischen Schreibweise zu verwenden, einschließlich des diakritischen Zeichens („Hut", ^) auf dem „e". Dies zeigt Prozesse der Selbstermächtigung inmitten eines Spannungsfeldes, wo Kurd*innen in Deutschland sowohl gegen die Rassismen der Dominanzgesellschaft als auch gegen antikurdische Ausgrenzungen in intermigrantischen Kontexten alltägliche Strategien entwickeln. Unser empirisches Material zeigt, dass diese Strategien sowohl die Sichtbarmachung als subversiver Akt der Selbstverortung beinhalten als auch die bewusste Unsichtbarmachung aus Eigenschutz vor rassistischer Ausgrenzung und Gewalt. Wie in beiden Zitate exemplarisch deutlich wird, fungieren kurdische Namen im Alltag als soziale Marker, die sowohl kumulative rassistische Dynamiken veranschaulichen als auch zeigen, wie spezifische Gewalt- und Verletzungsverhältnisse aus dem transnationalen Raum in Deutschland nachwirken und reproduziert werden. Namen können demnach weit mehr sein als nur einfache Bezeichnungen. Wir argumentieren, dass sie Träger und Zeugen transnationaler Rassismusdynamiken sind. Sie markieren Zugehörigkeit und Identität und bergen gleichzeitig die potenzielle Gefahr der Ausgrenzung. Zugleich erweisen sich kurdische Namen als Ausdruck einer bewussten Aneignung und Strategie der Selbstverortung, die den Träger*innen Handlungsspielräume zur Verfügung stellt, um den Verletzungs- und Ausgrenzungserfahrungen zu begegnen.

Im Anschluss an die nachfolgende Einführung in die methodischen und epistemischen Grundlagen der Studie folgt eine theoretische und historische Einordnung, die die Funktion von Namen als potenziell rassistische Marker beleuchtet. Diese Einordnung stellt die Rolle von Namen in den Kontext der anhaltenden Verfolgung und Assimilationspolitik in der Türkei, in der kurdische Identität systematischer Unsichtbarmachung und gleichzeitigen rassistischen Stigmatisierung und Kriminalisierung unterzogen wird. Der empirische Teil widmet sich schließlich den Erfahrungen von Kurd*innen in Deutschland, wo Namen als bedeutungsvolle Symbole der eigenen Geschichte, Identität und Selbstbehauptung wahrgenommen werden – oft im Spannungsfeld zwischen Ausgrenzungserfahrungen und Handlungsstrategien zur Selbstermächtigung. Der Beitrag macht damit sichtbar, wie Namen sowohl bislang unsichtbare rassistische Dynamiken demaskieren als auch Prozesse der Selbstverortung symbolisieren können.

1. Methodischer und epistemischer Zugang

Dieser Beitrag beruht methodisch und epistemisch auf einem Bottom-up- und induktiven Ansatz, der darauf abzielt, die Mehrfachdiskriminierungen und alltäglichen Erfahrungen mehrfach rassistisch marginalisierter Personen in Deutschland zu erfassen. Die methodische Vorgehensweise begann mit einer Bestandsaufnahme durch Literaturrecherche, Werkstattgespräche und Austausch mit einem Projektbeirat sowie Vertreter*innen der Zivilgesellschaft. Der Austausch mit Expert*innen und den betroffenen Communities verdeutlichte, dass viele der Erfahrungen und Lebenswirklichkeiten unserer Zielgruppe bisher wenig erforscht sind und in der bestehenden Literatur kaum einen Platz finden. Diese Erkenntnis war ausschlaggebend für die Entscheidung, semi-biografische

Interviewmethoden als zentrale Datenerhebungsinstrumente zu wählen, um den Narrativerzählungen der Teilnehmenden Raum zu geben und deren Perspektiven umfassend zu dokumentieren.

Im Rahmen der ersten Projektphase führten wir 15 Einzelinterviews sowie zwei Fokusgruppen durch, die jeweils vier und fünf Teilnehmende umfassten. Die Einzelinterviews waren als Tiefeninterviews mit einer Dauer von etwa zwei Stunden konzipiert, was eine vertiefte biografische und kontextbezogene Erhebung ermöglichte. Diese Gespräche schufen eine Grundlage, um die oft verborgenen Mehrfachdiskriminierungen, insbesondere in intermigrantischen Kontexten, differenziert zu erfassen. Die Fokusgruppen, die nach Abschluss der Einzelinterviews durchgeführt wurden, dienten der weiterführenden Diskussion der im Interviewmaterial identifizierten Themen und Spannungsfelder. Zur Berücksichtigung intersektionaler Dimensionen formierten wir die Fokusgruppen entlang der Geschlechtervariable: eine gemischtgeschlechtliche Gruppe und eine FLINTA Gruppe. Alle Interviews und Fokusgruppendaten wurden verschriftlicht, übersetzt und kodiert. Zusätzlich flossen Feldnotizen in die Analyse ein, um nonverbale Kommunikation und Interaktionsdynamiken zu berücksichtigen. Erst der gewählte methodische Zugang machte es möglich, Namen als zentrale Indikatoren rassistischer und transnationaler Gewalt- und Verletzungsverhältnisse im Leben der Befragten empirisch sichtbar zu machen. Im Zentrum der Untersuchung stand die Wahrnehmung rassistischer Dynamiken durch mehrfach marginalisierte Personen sowie deren Strategien zur Bewältigung im Alltag. Der Beitrag bietet einen einführenden Einblick in die Analyse dieser Phänomene im deutschen Kontext und mit Fokus auf die Erfahrungen von Kurd*innen. Dabei handelt es sich nicht um eine abschließende Auswertung, sondern um erste analytische Setzungen, die weiterführende Auseinandersetzungen anstoßen sollen.

2. Wenn Namen etwas bedeuten: Von Personennamen zu rassistischen Markern

Die Bedeutung von Namen, insbesondere von Personennamen, wurde bisher hauptsächlich als Teil der Linguistik betrachtet und wenig aus einer sozialwissenschaftlichen Perspektive diskutiert (Nuessel 1992; Joseph 2004; Algeo 2006). Daher ist es nicht verwunderlich, dass Namen oft als „bedeutungslose Marker" verstanden werden, die meist nur über ihre referentielle Funktion definiert werden. Das hieße, Namen würden im Vergleich zu anderen Ausdrücken oder Beschreibungen lediglich auf etwas verweisen, es aber nicht beschreiben oder deuten (Haji/Barany 2023, S. 2).

Im Gegensatz dazu lässt sich im Sinne von Geertz (1973) feststellen, dass eine Funktion von Namensgebungspraktiken darin besteht, „anybodies" in „somebodies" zu verwandeln und ihnen dadurch einen Platz in der Gesellschaft zuzuweisen. Namen sind somit nicht bedeutungslose, willkürliche Markierungen oder bloße Hilfsmittel, sondern stehen in engem Zusammenhang mit sozialen und ethnischen Identitätsprozessen (Haji/Barany 2023). Als solche werden Namen zu Projektionsflächen für fremd- und selbstzuschreibende Rollen und Bedeutungen. Insbesondere bei Fremdzuschreibungen lässt sich Geertz' These erweitern: Personen können aufgrund ihres Namens auch aus der Gesellschaft ausgeschlossen werden, und Namen können sogar Auslöser für strukturelle Benachteiligung sein (Martiniello/Verhaeghe 2023).

Studien in Deutschland haben gezeigt, dass Menschen mit einem nicht-deutsch klingenden Namen geringere Chancen haben, zu Wohnungsbesichtigungen (Mediendienst Integration 2023) oder Vorstellungsgesprächen (Kaas/Manger 2012) eingeladen zu werden. Namenbasierte Diskriminierung zeigt sich auch beim Zugang zur Gesundheitsversorgung. Ein bundesweites Feldexperiment des Nationalen Diskriminierungs- und Rassismusmonitors (NaDiRa) im Jahr 2023 illustrierte, dass der Name und die Zuschreibung zu einer bestimmten ethnischen Gruppe darüber entscheiden können, ob Personen eine Terminvergabe beim Arzt erhalten oder nicht. Dabei erhielten Anfragen von fiktiven Patient*innen mit weit verbreiteten deutschen Namen häufiger eine positive Rückmeldung als Anfragen von Personen mit nicht-deutsch klingenden Namen (NaDiRa-Bericht 2023).

Namensbasierte Diskriminierung hat eine lange Tradition in der kurdischen Geschichte, vor allem in der Türkei. Sie reicht von der Leugnung der kurdischen Identität bis zu Verboten der kurdischen Sprache und Kultur. Seit der Gründung der Türkischen Republik 1923 zielte die staatliche Sprachpolitik darauf ab, Türkisch als einzige Amtssprache zu etablieren und nicht-türkische Sprachen, insbesondere Kurdisch, zu unterdrücken (Atlas 2014). Sogar grundlegende kulturelle Ausdrucksformen wie das Singen kurdischer Lieder oder das öffentliche Sprechen der kurdischen Sprache galten bis 1991 gesetzlich als separatistische Akte.

Ein weiteres Element der kurdischen Identität, das die Türkei zu vernichten versuchte, waren die kurdischen Namen. Das 1934 verabschiedete Namensgesetz verpflichtete alle Bürger*innen, einen türkischen Namen zu tragen, und verbot kurdische Namen vollständig (Aslan 2009). Kurdische Eltern sahen sich oftmals gezwungen, ihren Kindern zwei Namen zu geben: einen türkischen für die Öffentlichkeit und einen kurdischen für die Familie und die lokale Gemeinschaft. Neben dem Verbot von Vornamen wurden Kurd*innen auch Nachnamen aufgezwungen, die vom türkischen Staat festgelegt und positiv auf das Türkentum bezogen waren (Redcrow 2023), wie etwa Türk (Türke), Öztürk (wahrer Türke), Türkoğlu (Sohn des Türken) oder Bozkurt (Grauer Wolf).

Der türkische Staat nutzte das Namensgesetz als Instrument zur Schaffung einer homogenen türkischen Identität (Aslan 2009). Dieses Gesetz umfasste auch die Umbenennung von Regionen, Dörfern und Flüssen. Im Rahmen der „Social Engineering-Politik" (Duruiz 2021) wurden seit der Gründung der Republik nicht-türkische Ortsnamen durch türkische ersetzt, um kurdische Gebiete zu enthistorisieren und ethnische Markierungen wie „Ostrumelien“, „Pontus“ und „Kurdistan“ auszulöschen. „Kurd*innen“ und das „Kurdischsein“ wurden unter den Begriffen Osten (Doğu) und Südosten (Güneydoğu) subsumiert. Durch diese Fremdbezeichnungen wurde nicht nur die kurdische Identität ausgelöscht, sondern auch die Heterogenität kurdischer Lebensrealitäten auf geografische Unterschiede reduziert und diese mit „Rückständigkeit“, „Kulturlosigkeit“ und „Unzivilisiertheit“ neusignifiziert (Yarkin 2022).

Die Ersetzung des Kurdischseins oder Kurdistans durch Euphemismen wie „der Osten“ und „die Ostländer“ (doğulu) trug dazu bei, dass alles Kurdische kontinuierlich durch ein rassifiziertes Vokabular und Affekte des Misstrauens verdeckt wurde, die stets auf einen realen oder imaginären kurdischen Körper des „Ostens“ projiziert wurden (Duruiz 2021). Wissenschaftler wie Mesut Yeğen (2011), Murat Ergin (2008), Welat Zeydanlıoğlu (2008) weisen darauf hin, dass diese Praxis eine Form des türkischen Orientalismus, Kolonialismus oder postkolonialen Zustands darstellt, vergleichbar mit dem orientalistischen Blick des Westens im Sinne von Edward Said, der die Kurd*innen als „die Anderen“ in Abgrenzung zur türkischen Identität konstruierte.

Während das Kurdische einerseits unsagbar und unsichtbar blieb, war es anderseits in der Konstruktion des „Östlichen“ hypersichtbar. Dies fand insbesondere Ausdruck in der Stereotypisierung von Kurd*innen durch rassistische Merkmalszuschreibung wie dunklere Haut, Behaarung und kulturellen sowie verhaltensbezogenen Attributen, die eine natürliche Neigung zur Gewalt, kulturelle Unzivilisiertheit oder den Terrorverdacht implizierten (Yarkin 2022).

Dies verdeutlicht, dass die Rassifizierung von Gruppen oder Personen nicht nur durch offene rassistische Bedeutungen erfolgt, sondern wie Duruiz (2021) feststellt, auch durch das Unterdrücken, Weglassen und/oder Neusignifizieren sozialer Differenzen mittels verdeckter Symbole und Sprache. Das Verbot kurdischer Namen und die Zwangsbenennung mit türkischen Namen sind eng mit der Politik der Unsichtbarmachung und Leugnung der kurdischen Identität verbunden, die auf einer Kontinuität rassistischen Denkens der türkischen Staatspolitik beruht und bis heute fortbesteht. Der türkische Staat versuchte, diese rassistische Logik der Unsichtbarmachung auch gegenüber der kurdischen Diaspora aufrechtzuerhalten. So stellten türkische Konsulate den europäischen Behörden regelmäßig Listen mit offiziell anerkannten türkischen Namen zur Verfügung. Dies sollte verhindern, dass Kurd*innen mit türkischen Pässen ihre neugeborenen Kinder in Deutschland mit kurdischen Namen registrieren ließen (Redcrow 2023).

3. „Es ist fast wie ein Outing für mich“: Un/sichtbarkeit von Kurd*innen in Deutschland

> *„Ich bin damit aufgewachsen, dass man nicht darüber geredet hat, was in der Heimat passiert ist. Wir durften zum Beispiel nicht darüber reden, dass wir jesidisch sind, vor allem nicht gegenüber unseren türkischen Mitschüler*innen. Meine Mutter hat immer gesagt: Erzähl das niemandem in Deutschland (...) Also für mich ist es fast so ein Outing, wenn ich sage, ich bin Êzidin, immer noch, weil ich ganz lange gebraucht habe, offen darüber zu sprechen.“ (Ruken*, êzidisch-kurdisch)*

> *„Wenn ich zum Beispiel im Arbeitskontext mit Menschen konfrontiert bin, deren Namen türkischstämmig sein könnten, sage ich nicht einfach so ‚ich bin Kurdin‘. Ich gehe da sehr vorsichtig ran, weil ich oft das Gefühl hatte, dass viele Türkischstämmige zwar sehr reflektiert wirken, es aber gar nicht sind, wenn es dann zu diesem Thema kommt. Deswegen bin ich sehr vorsichtig und gucke, in welcher Beziehung ich zu diesen Menschen stehe, und erst danach überlege, darüber zu sprechen. All das auch aus Eigenschutz, weil das Aussprechen, dass man Kurd*in ist, ist schon so ein Moment, wo man eine soziale Interaktion testet. Also es ist nichts, wo man sagt, ich komme aus Bielefeld oder so.“* (Pinar*, *kurdisch-alevitisch)*

Die Entscheidung, eine soziale Interaktion zu „testen“ und vorsichtig die Resonanz auf die eigene Identität abzuwarten, bevor man diese als kurdisch offenbart, ist für viele Teilnehmenden unserer Studie Teil ihres Alltags. Pinar beschreibt in ihrer Erzählung den Moment des „Testens“ als Kurdin im Arbeitskontext in sozialen Interaktionen. Die „soziale Testung“ impliziert eine ständige Auseinandersetzung mit der Frage, wie viel von der eigenen Identität im Kontext von intermigrantischen Beziehungen sichtbar gemacht werden kann, ohne rassistische Anfeindungen zu riskieren. Pinar merkt an, dass viele Menschen auf den ersten Blick „reflektiert“ wirken, was auf eine vermeintlich aufgeschlossene Haltung hinweist. Doch wenn es um kurdische Identität geht, erlebe sie oft eine unerwartete Ablehnung oder zumindest eine Verunsicherung, die darauf hinweist, dass rassistische Diskurse aus der Türkei in intermigrantischen Beziehungen in Deutschland weiterhin wirkmächtig sein können. Da der Name Pınar nicht unmittelbar mit einer kurdischen Identität assoziiert wird, lässt sich an diesem Beispiel darstellen, wie Unsichtbarkeit sowohl als eine rassistische Marginalisierung empfunden, als auch in der sozialen Interaktion aus „Eigenschutz“ eingesetzt werden kann. Pınars Erfahrung verdeutlicht, dass neben der rassistischen Markierung von Seiten der Dominanzgesellschaft durch ihren türkischen Namen, auch in intermigrantischen Kontexten von einer weiteren Markierung ausgegangen wird und in diesem Moment sowohl die Sichtbarmachung als auch die Unsichtbarmachung der kurdischen Identität als Handlungsstrategien eingesetzt werden.

Ruken, die in ihrer Erzählung von ihrer Mutter berichtet, die ihr riet, ihre jesidische Herkunft zu verbergen, reflektiert, wie diese Unsichtbarmachung als Strategie ein Teil ihres Alltags wurde. „Es ist fast wie ein Outing für mich", beschreibt sie den Moment, in dem sie ihre Herkunft offenbart. Der Begriff des „Outings" ist hier besonders aufschlussreich, da er auf die gesellschaftliche Norm verweist, dass gewisse Identitäten – in diesem Fall die jesidische – nur unter bestimmten Bedingungen und mit Vorsicht öffentlich gemacht werden können. Das Outing als Moment der Offenbarung beinhaltet dabei eine Ausgrenzung, Diskriminierung oder auch Gefahr in Kauf zu nehmen.

Die Teilnehmenden verweisen darauf, dass die Entscheidung, die eigene Identität zu verbergen, nicht nur eine internalisierte und intergenerational übertragene Angst ist, sondern auch dazu dienen kann, Räume zu navigieren, die von mehrfach rassistischen und kolonialen Denkmustern geprägt sind. So ist der Wunsch nach Unsichtbarkeit, in vielen Fällen auch eine gewählte Form des Schutzes, eine Möglichkeit, sich der feindlichen Auseinandersetzung oder rassistischer Markierung in intermigrantischen Kontexten zu entziehen. In diesem Sinne wird Unsichtbarkeit auch als eine Strategie des sozialen Überlebens verstanden, die von den Betroffenen aktiv überwunden wird sobald das Sicherheitsgefühl es erlaubt. Im Leben von rassistisch-mehrfachmarginalisierten Personen zeichnet sich Un/sichtbarkeit durch kurdische Namen also nicht nur über die historische Kontinuität der Türkifizierungspolitik und systematischen Leugnung kurdischer Identität, sowie über den Widerstand dagegen, aus, sondern manifestiert sich außerdem im Sicherheitsempfinden in intermigrantischen Kontexten. Der Name wird hier zu einem Marker, der zwischen den sozialen Welten von Sichtbarkeit und Unsichtbarkeit verhandelt wird. Diese Spannung ist ein zentraler Bestandteil der Erfahrungen, die viele Kurd*innen in Deutschland machen. Der Name, als Teil der ethnischen Identität, wird dabei zu einem dualen Element – er ist sowohl ein Werkzeug der sozialen Interaktion als auch ein Risiko, das zu rassistischen Markierung, Ausgrenzung und Gefahr führen kann. Die Entscheidung, sich zu „outen", also die eigene Identität sichtbar zu machen, ist somit nicht nur eine Frage der persönlichen Offenbarung, sondern ein sozialer Prozess, der die Wirkmächtigkeit von intermigrantischen Rassismen in Deutschland und deren Verflechtung mit den salienten Diskursen von Migrantisierung und Homogenisierung deutlich macht.

4. Schlussbetrachtung

Menschen mit kurdischen Namen sehen sich in unterschiedlichen sozialen Zusammenhängen mit Herausforderungen konfrontiert, für die sie Strategien internalisiert haben, um sich gegenüber den herrschenden Dominanzverhältnisse in intermigrantischen Kontexten zu schützen und/oder zu ermächtigen. Im Fokus stehen somit die sozialen Interaktionen, in denen kurdische Namen zum Prüfstein für rassistische und ausgrenzende Dynamiken werden. Dabei zeigt sich, dass Namen nicht nur individuelle Bezeichnungen sind, sondern auch verankerte Identitäten und historische Konflikte aufgreifen, die in transnationalen Kontexten zur Selbstverortung von Kurd*innen beitragen kann. Ausgehend von den kumulierten Rassismuserfahrungen der Interviewten beleuchtet der Beitrag, wie Namen als Identitätsmarker in Deutschland gelesen und interpretiert werden und wie Kurd*innen damit in ihrem Alltag umgehen, wenn ihre kurdische Identität, oft über den Namen sichtbar oder unsichtbar gemacht, die soziale Interaktion in intermigrantischen Kontexten beeinflussen oder „testen". Die Erfahrungen der Studienteilnehmenden erlauben jedoch Schlussfolgerungen bezüglich der dauerhaften Wirkung der historischen Praktiken der Namensänderung und der rassistischen Zuschreibungen. Diese betreffen nicht nur die kurdische Identität und deren Sichtbarkeit, sondern auch die intermigrantischen Verletzungsverhältnisse, die damit verbunden sind. Namen sind nicht nur Marker im administrativen Sinne, sondern auch Träger von gesellschaftlicher und historischer Bedeutung. Zusammenfassend zeigt sich in diesem kurzen Beitrag, dass Namen als „Zeugen" von Rassismus nicht nur in der Art und Weise, wie sie wahrgenommen werden, sondern auch in den damit verbundenen sozialen und politischen Implikationen eine zentrale Rolle spielen. Sie sind nicht nur Indikatoren von Herkunft, sondern auch Schlüssel zur Navigation durch die komplexen Felder von Zugehörigkeit, Anerkennung und Ausgrenzung. Der Umgang mit Namen, die in intermigrantischen Kontexten in Deutschland mit kurdischer Herkunft assoziiert werden, ist daher ein fortlaufender Prozess der Auseinandersetzung mit den tief verwurzelten und transnational wirkmächtigen rassistischen Dynamiken, die alltägliche soziale Interaktion strukturieren.

Literatur

Algeo, J. (2006): Is a theory of names possible? Names 58(2), 90–96.

Aslan, S. (2009): Incoherent State: The Controversy over Kurdish Naming in Turkey. European Journal of Turkish Studies, 10. https://doi.org/10.4000/ejts.4142.

Atlas, D. (2014): "The Role of Language in the Evolution of Kurdish National Identity in Turkey". Kurdish Awakening: Nation Building in a Fragmented Homeland, edited by Ofra Bengio, New York, USA: University of Texas Press, pp. 155–174. https://doi.org/10.7560/758131-012.

Duruiz, D. (2021): Erasure and Affect in Race-Making in Turkey. Project on Middle East Political Science (POMEPS). URL: https://pomeps.org/erasure-and-affect-in-race-making-in-turkey.

Ergin, M. (2008): Is the Turk a White Man?: Towards a Theoretical Framework for Race in the Making of Turkishness. Middle Eastern Studies 44, no. 6: 827–850.

Geertz, C. (1973): Deep play: notes on the Balinese cockfight. The Interpretation of Cultures. Selected Essays, 412–453.

Haji, A.; Lazgin, B. (2023): Kurdish Personal Names And Identity: How The Kurds Think of Their Personal Names. In: The Journal of The University of Duhok 26(1): 1–17.

Joseph, J. (2004): Language and identity: National, ethnic, religious. Springer.

Kaas, L.; Manger, C. (2010): Ethnic discrimination in Germany's labour market: A field experiment (IZA Discussion Paper No. 4741). IZA Institute of Labor Economics. https://doi.org/10.2139/ssrn.1594008.

Krause, A.; Hujer, R. (2010): Ethnic Discrimination in Germany's Labour Market: A Field Experiment (IZA Discussion Paper No. 4741). Bonn: Forschungsinstitut zur Zukunft der Arbeit (IZA). https://www.iza.org/publications/dp/4741/ethnic-discrimination-in-germanys-labour-market-a-field-experiment.

Martiniello, B.; Verhaeghe, P.-P. (2023): Different names, different discrimination? How perceptions of names can explain rental discrimination. Frontiers in Sociology, 8, Article 1125384. https://doi.org/10.3389/fsoc.2023.1125384.

Mediendienst Integration (2023): Wenn Benachteiligung sichtbar wird. https://mediendienst-integration.de/artikel/benachteiligung-sichtbar-machen.html.

Nationaler Diskriminierungs- und Rassismusmonitor Bericht (2023): Rassismus und seine Symptome. https://www.rassismusmonitor.de/fileadmin/user_upload/NaDiRa/Rassismus_Symptome/Rassismus_und_seine_Symptome.pdf.

Nuessel, F. (1992): The study of names: a guide to the principles and topics. Greenwood.

Redcrow, T. (2023): Kurdish City, Child Names: The Battle over Memory. Kurdish Institute for Social Research. URL: https://nlka.net/eng/kurdish-city-child-names-the-battle-over-memory/.

Yarkin, G. (2022): Turkish Racism Against Kurds: Colonial Violence, Racist Slurs and Mob Attacks. https://doi.org/10.33182/tc.v2i1.2218.

Yeğen, M. (2011): The Kurdish Issue in Turkey: Denial to Recognition. Nationalisms and Politics in Turkey: Political Islam, Kemalism, and the Kurdish Issue. London and New York: Routledge: 67–84.

Zeydanlıoğlu, W. (2008): The White Turkish Man's Burden: Orientalism, Kemalism and the Kurds in Turkey. Neo-Colonial Mentalities in Contemporary Europe 4(2) (2008): 155–174.

Antikurdischer Rassismus in Kitas – Verhandlungen, Verstrickungen und Verschleierungen

Seyran Bostancı und Hümeyra İmamoğlu

Einleitung

> „Na ja, also ich sage mal, wir hatten Phasen, wo wirklich so kurdisch, türkisch, das geht auch manchmal zur Sache. Also da muss man aufpassen (...). Wir hatten damals kurdisch, türkisch war mal eine Zeit lang stärker vertreten, da haben sich die Väter hier angebrüllt, von oben nach unten auf der Treppe, und wehe, dein Kind spielt mit meinem, und wehe, wenn und sich gegenseitig bedroht." (Int.1)

Kindertageseinrichtungen (Kitas) sind keine machtfreien Räume, in ihnen spiegeln sich gesellschaftliche Verhältnisse der postmigrantischen Gesellschaft wider. Hier treten unvermeidlich Ein- und Ausschlussprozesse, Privilegierungen und De-Privilegierungen sowie Diskriminierungserfahrungen auf. Wie das obige Zitat zeigt, werden auch intermigrantische Dominanzverhältnisse in Kitas thematisiert. Im Fokus dieses Artikels steht die Frage, wie Antikurdischer Rassismus[1] in Kitas verhandelt wird.

Der Artikel basiert auf der im Rahmen des Nationalen Diskriminierungs- und Rassismusmonitors durchgeführten Studie „Institutioneller Rassismus in der Kindertagesbetreuung" (Bostancı/Wirth 2024)[2]. Der Fokus der Studie lag auf den institutionellen Barrieren im Bildungszugang und in der Bildungsteilhabe in Kindertageseinrichtungen. Hierfür wurden 28 leitfadengestützte Interviews und drei Fokusgruppen mit verschiedenen Akteur*innen der frühkindlichen Bildungslandschaft durchgeführt. Die Daten wurden für diesen Artikel sekundäranalytisch (Heaton 2004) ausgewertet, wobei die Verhandlungen von Rassismus, insbesondere der Antikurdische Rassismus, im Mittelpunkt standen. Die bereits induktiven und deduktiv gebildeten Codes (nach Charmaz 2014) wurden in

1 In dieser Publikation nutzen wir das Wording Antikurdischer Rassismus, wohlwissend, dass die Phänomenbeschreibung und Begriffsdefinition im wissenschaftlichen Kontext noch im Entstehen ist (vgl. Yeşil Sincar, 2024).

2 Der NaDiRa wird im Rahmen des Bundesprogramms „Demokratie leben!" durch das Bundesministerium für Bildung, Familie, Senioren, Frauen und Jugend (BMBFSFJ) gefördert.

Hinblick auf Antikurdischen Rassismus und der Externalisierung von Rassismus erneut untersucht. Bei der Auswahl der Textpassagen haben wir uns in diesem Artikel auf die Interviews mit *weiß* positionierten pädagogischen Fachkräften fokussiert und die Interviewpassagen über ihre Beobachtungen und Erfahrungen mit Rassismus und Diskriminierungen im Kita-Alltag und ihren Umgang mit rassistischen Vorfällen in Hinblick auf die vorliegende Fragestellung diskutiert.

Unsere Analyse zeigt, dass die interviewten Fachkräfte eigene Verstrickungen in rassistische Verhältnisse nicht immer erkennen und sie häufig als „Rassismen der Anderen" kategorisieren. Dies verdeutlicht, dass das Bewusstsein für eigene rassistische Denkmuster und Praktiken oft fehlt. Aus der Literatur ist bereits bekannt, mangelndes professionelles Handlungswissen (Mai 2020; Kuhn 2013; Kratzmann et al. 2020) erschwert den Umgang mit Rassismus in Kitas und führt dazu, dass rassistische Praktiken in der Alltagspraxis und in den Strukturen der Organisation verborgen bleiben. Diese Zuschreibung von Rassismus als Phänomen der „Anderen" einhergehend mit dem fehlenden selbstkritischen Blick, lässt sich als strategische De-Thematisierung von Rassismus im institutionellen Handeln einordnen. Durch die Analyse von Interviews zu „Institutionellem Rassismus in Kitas" zeigen wir auf, wie Externalisierungsstrategien angewendet werden, die den Rassismus der Dominanzgesellschaft verschleiern. Gleichzeitig beleuchten wir, wie diese Mechanismen dazu beitragen, dass Rassismuserfahrungen – insbesondere antikurdische Rassismuserfahrungen – innerhalb migrantisierter Communities unsichtbar und unbesprechbar werden, vor allem im Kontext der weißen Dominanzgesellschaft.

1. Rassismus in der Kita und was ist überhaupt Rassismus?

Rassismus in Kindertageseinrichtungen ist ein oft ausgeblendetes und negiertes Thema. In unserem Artikel folgen wir einem Rassismusverständnis, das Rassismus als gesellschaftliches Strukturprinzip begreift. Dieses Prinzip manifestiert sich in Organisationen wie Kitas implizit und meist unbemerkt in den Strukturen, Logiken und der (Nicht-)Repräsentation (Hall 1989; Essed 1991). Auf individueller Ebene äußert sich dieses Strukturprinzip sowohl in Form von Vorurteilen und Stereotypen als auch in Mikroaggressionen (Sue et al. 2007) und gewaltvollen Handlungen.

Studien zeigen, dass pädagogische Fachkräfte dazu neigen, Rassismus in Kitas zu dethematisieren (Bostancı et al. 2022), oft aus Unwissenheit, Unbehagen oder Angst, etwas falsch zu machen, und manchmal aus dem gut gemeinten Wunsch, das Thema nicht virulent zu machen, weil geglaubt wird, durch die Thematisierung würden erst Vorurteile und Rassismen entstehen. Zum Teil verbirgt sich bei der De-Thematisierung von Rassismus auch ein eingeengtes Rassismusverständnis. Rassismus wird dabei als individuelles Fehlurteil, Vorurteil oder Stereotyp verstanden und vornehmlich am rechten Rand verortet (Messerschmidt 2010, S. 45). Rassismus wird weniger als gesellschaftliches Strukturprinzip begriffen, das uns alle umgibt, in das wir alle verstrickt sind und das in Form von rassistischem Wissen unser Denken, Handeln und Fühlen beeinflusst. Daraus resultiert, dass der (Alltags-)Rassismus, der oft lautlos und implizit geschieht, im Verborgenen bleibt.

2. Antikurdischer Rassismus im Kontext von Dominanzgesellschaften

Antikurdischer Rassismus ist eine spezifische Form von Rassismus, die gegen kurdische und jesidische/êzidische Menschen gerichtet ist. Er kann auch verwoben mit antialevitischem Rassismus auftreten und sich gegen kurdische Alevit*innen richten. Um Antikurdischen Rassismus einordnen zu können, bedarf es eines differenzierten Verständnisses für hierarchische Dynamiken in der postmigrantischen Gesellschaft. Rassistische Logiken erzeugen durch Narrative, Diskurse und Praktiken den Eindruck einer Wir-Sie-Dichotomie, die die migrantisierte Gesellschaft als homogen erscheinen lässt, während das Eigene als heterogen und differenziert wahrgenommen wird. Dabei ist die vielfältige Migrationsgesellschaft genauso von sozialen Ungleichheitsstrukturen durchzogen wie die deutsche Mehrheitsgesellschaft (Yeşil Sincar 2024). So ist auch die postmigrantische Gesellschaft von Dominanzverhältnissen und Marginalisierungen geprägt, die im Rahmen struktureller Hierarchisierungen und Rassismen existieren (Foroutan 2019). Innerhalb dieser Rahmen lässt sich Antikurdischer Rassismus als spezifische Erscheinungsform von Rassismus in der postmigrantischen Dominanzgesellschaft (Rommelsbacher 1995) einordnen.

Die Wurzeln von Antikurdischem Rassismus sind tief in den nationalen Identitätsstrukturen der türkischen, (pan-)arabischen und iranischen Geschichte verankert (Jasim 2024, S. 33). Das bedeutet aber nicht, dass Antikurdischer Rassismus „importiert" ist oder nur in den genannten gesellschaftlichen Gruppen vorkommt. Vielmehr ist es so, dass Antikurdischer Rassismus auch in Deutschland eine strukturelle Verankerung findet und sowohl im Alltag als auch in Institutionen auftreten kann, aber nicht als solcher erkannt und in der Folge ausgeblendet wird (Ghaderi/Almstadt 2023; Jasim 2024; Yeşil Sincar 2024). Diese Ausblendung stellt ein großes Hindernis dar für die Anerkennung, Bearbeitung und Abbau dieses Phänomens. Es bedarf einer bewussten Anstrengung, Antikurdischen Rassismus als integralen Bestandteil der gesamtgesellschaftlichen Rassismusproblematik zu erkennen und entsprechende Strategien zu seiner Überwindung zu entwickeln. Das erfordert nicht nur eine Sensibilisierung für spezifische Formen und Kontexte, in denen Antikurdischer Rassismus vorkommen kann, sondern auch eine kritische Auseinandersetzung mit strukturellen

Ursachen und Mechanismen, die zu seiner Entstehung und Verbreitung beitragen. Die Ausblendung und Verhandlung dieses spezifischen Rassismus innerhalb von Kitas spiegelt größere gesellschaftliche Muster der Marginalisierung und Diskriminierung wider.

3. Verhandlungen von Antikurdischem Rassismus in Kitas

Im Folgenden werden wir exemplarisch Zitate aus der empirischen Erhebung der Studie „Institutioneller Rassismus in der Kindertagesbetreuung" vorstellen und anhand konkreter Beispiele aufzeigen und diskutieren, wie Rassismus und insbesondere Antikurdischer Rassismus in Kitas erlebt und verhandelt wird. Bei den Zitaten handelt es sich um Auszüge aus einem Interview mit einer Leitungskraft zu ihren Erfahrungen mit Rassismus und Diskriminierung im Kita-Kontext:

> *„Also ich kann mich erinnern, ganz am Anfang (...) da hat mir eine Kollegin mit einem kurdischen Hintergrund erklärt, dass sie eigentlich in die Schule wollte (...) in einem anderen Stadtbezirk (...) in einem Gebiet, in dem es jetzt nicht (...) zum gewohnten Stadtbild (...) passt, dass Menschen Kopftuch tragen. Und dann (...) wurde ihr wohl ziemlich direkt auch gesagt, dass ihre Kleiderordnung dazu führen würde, dass sie nicht genommen wird. Und damit war ihr Kopftuch gemeint zum Beispiel. Das hat mich total erschrocken. Aber ich komme aus dieser Schöneberg-Kreuzberg-Neukölln-Bubble-Perspektive und es fällt mir schwer, das nachzuvollziehen (...) Also da ist sozusagen eine unserer Mitarbeiterinnen sehr deutlich von Rassismus betroffen gewesen." (Int.2)*

In diesem Zitat berichtet die Kita-Leitung von Diskriminierungserfahrungen ihrer Kollegin mit Migrationshintergrund. Sie beschreibt ihre Kollegin als Kurdin, die aufgrund ihres Kopftuchs eine Absage bei einer schulischen Bewerbung erhalten habe. Dieses Beispiel verknüpft Kurdischsein und das Tragen eines Kopftuchs als gleichbedeutende bzw. sich ergänzende Merkmale, ohne eine weitergehende Differenzierung vorzunehmen. Eine Differenzierung ist jedoch notwendig und wichtig, denn auch wenn einige Kurd*innen muslimischen Glaubens sind und ein Kopftuch tragen, sind sie aufgrund ihrer ethnischen Zugehörigkeit von Mehrfachdiskriminierung betroffen, beispielsweise durch türkische Muslim*innen. In dem Fall ist nicht nur die religiöse Zugehörigkeit der betroffenen Person das Diskriminierungsmerkmal, sondern auch die kurdische Identität. Die kurdische Identität der Kollegin wird in dem Beispiel aber nicht als eigenständiges Diskriminierungsmerkmal oder in der Intersektion betrachtet, sondern mit der religiösen Zugehörigkeit verknüpft. Die fehlende Differenzierung der Diskriminierungsmerkmale kann dazu führen, dass Antikurdischer Rassismus unsichtbar gemacht oder unter antimuslimischem Rassismus subsumiert wird. Damit werden Wirkweisen und Funktionen von Antikurdischem Rassismus ausgeblendet.

Zudem verortet die Kita-Leitung die Diskriminierungserfahrung in bestimmte Stadtteile und stellt diverse und migrantisch geprägte Stadtteile demgegenüber. Damit werden einerseits die Allgegenwärtigkeit von Rassismus und andererseits die Diskriminierungserfahrungen innerhalb der Migrationsgesellschaft negiert. Denn die von ihr als vermeintlich besonders offen angeführten Bezirke wie Kreuzberg und Neukölln stellen zum einen nicht per se für alle Menschen mit Migrationshintergrund diskriminierungsfreie Räume da. Zum anderen sind diese Bezirke mehrheitlich von türkischen und arabischen Migrant*innen bewohnt, sodass Antikurdischer Rassismus auch in diesen Bezirken auftreten kann. Für kurdische Personen stellen diese Bezirke daher nicht unbedingt diskriminierungsfreie Stadtteile dar. Im Gegenteil, in diesen Bezirken können sie besonders häufig als Kurd*innen erkannt werden und in ihrem Alltag Antikurdischen Rassismus erleben. Dieses Beispiel verdeutlicht, warum eine Differenzierung zwischen verschiedenen Diskriminierungsmerkmalen notwendig ist. Denn eine Gleichsetzung der Merkmale „kurdisch" und „muslimisch" negiert die Kumulation der Diskriminierungserfahrungen von muslimischen Kurd*innen und die Diversität der Personen, von denen Antikurdischer Rassismus ausgeht.

Im weiteren Verlauf des Interviews beschreibt die Kita-Leitung ihr Team als sehr offen gegenüber den Diskriminierungserfahrungen der kurdischen Kollegin. Sie schränkt jedoch ein, dass ostsozialisierte Fachkräfte Schwierigkeiten im Umgang mit Menschen türkischen und arabischen Hintergrunds haben:

> *„Das macht natürlich was mit ihr, aber gleichzeitig zeigt es auch eine totale Offenheit hier im Team dazu. Aber trotzdem haben wir auch hier im Haus ziemlich viele [ostsozialisierte] Kolleginnen (…) Das war im Prinzip also so nach der Wende (…) irgendwann gab es halt mal so einen Überschuss, gerade in den Ostteilen der Stadt an Personal. (…) Und dann gab es halt so diese Idee: Okay, dann schiebt man sozusagen alle, die im öffentlichen Dienst waren (…) halt in die Gebiete, in denen man sie braucht und so sind (…) bestimmt fünf oder sechs, hierhergekommen. Und da merkt man so ein bisschen am Vokabular, dass es irgendwie nicht selbstverständlich ist und dass der Übergang auch schwierig war damals. Und dass diese ersten Kontakte mit türkischen, arabischen Hintergründen nicht einfach waren." (Int.2)*

In dieser Interviewsequenz deutet die Kita-Leitung an, dass für ihre ostsozialisierten Mitarbeitenden der Kontakt mit Personen mit Migrationshintergrund „nicht einfach" gewesen sei. Die Kita-Leitung bleibt in diesem Beispiel in ihrer Beschreibung vage und benennt nicht direkt, was sie z. B. mit Vokabular meint. Es bleibt unklar, ob sie hier von einem rassistischen Vorfall, rassistischen Einstellungen oder Vorurteilen durch die Mitarbeitende berichtet. Andererseits verwendet die

Leitung eine Wir-Sie-Dichotomie, in der sie ostsozialisierte Fachkräfte als problematisch im Umgang mit Menschen türkischen und arabischen Hintergrunds darstellt. Auch wenn nicht explizit benannt, stehen dem gegenüber westsozialisierte Fachkräfte, die als offen dargestellt werden. Damit trennt sie nicht nur ihr Team in zwei Lager – in die Guten und die Schlechten – sondern externalisiert Diskriminierung und Rassismus auf die „Anderen", die ostsozialisierten Fachkräfte. Diese werden somit nicht als Teil des Teams gesehen, sondern als externe, nicht ganz Teil des Ganzen, diejenigen, die ein Diskriminierungspotential mitbringen. Damit zeichnet sie die Kita als einen diskriminierungsfreien Raum, indem Diskriminierung und Rassismus nur im Außen – andere Stadtteile oder durch die anderen ostsozialisierten Fachkräfte – erfahren wird. Die eigene Verstrickung in rassistische Strukturen wird so durch Othering verschleiert (Spivak 1985). Inwiefern Verfahrensweisen, Strukturen, Handlungs- und Sprachpraktiken, also die „Kultur" der Einrichtung Rassismus (re-)produziert, bleibt somit im Verborgenen.

Das nächste Beispiel in einer anderen Kita verdeutlicht die Herausforderungen für pädagogische Fachkräfte im Umgang mit rassistisch konnotierten Konflikten zwischen Eltern und zeigt auf, wie Kitas mit solchen Situationen umgehen und sie verhandeln:

> *„Da gab es einen sehr krassen Konflikt (...). Da ging es um den Konflikt zwischen den Türken und den Kurden und das ist sozusagen in der Elternschaft hochgekocht. Und das war, weiß ich noch für die Leitung damals erst mal total schwierig. Erst mal muss man für sich selber natürlich wissen, worum geht denn dieser Konflikt? Und das dann so ein bisschen zu begleiten war, glaube ich eine ganz schön krasse Herausforderung. So, weil da ja halt einfach sehr kurdenfeindliche Sachen in der Kita gesagt wurden. Und das, genau, geht natürlich nicht. Und da gab es viele Gespräche, Aber das ist jetzt schon so ein doofes Halbwissen von mir. Wir selber, wir haben das eher, dass wir zum Beispiel erleben, wie Familien Diskriminierungserfahrungen zum Beispiel beim Jugendamt machen oder zum Beispiel bei Kinderärzten auch total oft, muss ich sagen, und da eher auf der unterstützenden Seite sozusagen sind, zu schauen, dass das einfach anders läuft." (Int.3)*

In diesem Zitat beschreibt die Fachkraft die Herausforderung der Kita im Umgang mit rassistisch aufgeladenen Konflikten zwischen migrantischen Eltern. Der geschilderte Vorfall wird im Kontext des „Konflikts zwischen den Türken und den Kurden" verortet. Hier wird eine rassistische „Wir-Sie"-Dichotomie wirksam, in deren Rahmen sich die Kita auf eine vermeintlich neutrale, beobachtende Rolle zurückzieht. Aus dieser Perspektive wird der antikurdische Vorfall nicht als Teil eines Konflikts verstanden, der in der Kita stattfindet, sondern als Teil eines externen Konflikts unter migrantischen Eltern kategorisiert. Die Aussagen der beteiligten Eltern werden klar als „kurdenfeindlich" benannt und es wird geschildert, dass viele Gespräche zur Klärung geführt wurden. Wie die

Fachkraft beschreibt, habe die Kita-Leitung den Umgang mit dieser Situation als große Herausforderung erlebt. Dies verdeutlicht die Komplexität, mit der *weiß* positionierte Fachkräfte im Umgang mit intermigrantischen Rassismen konfrontiert sind. Zugleich zeigt sich, dass ein professionelles, rassimuskritisches Wissen notwendig ist, um die eigene gesellschaftliche Positionierung zu reflektieren und handlungssicher mit solchen Situationen umgehen zu können. Ein fehlendes professionelles Wissen kann dazu führen, dass rassistische Vorfälle verharmlost oder externalisiert werden.

Für Betroffene ist Antikurdischer Rassismus eine Alltagserfahrung. Wird dieser als „Konflikt der Anderen" externalisiert, werden ihre Erfahrungen unsichtbar gemacht – und zugleich die gesamtgesellschaftliche Verantwortung im Umgang mit Rassismus ausgeblendet. Gleichzeitig werden so – in dem Fall antikurdisch – rassistische Vorfälle als vermeintlich „fremde" Konflikte markiert und aus einem gemeinsamen gesellschaftlichen Bezugsrahmen ausgeschlossen. Im weiteren Verlauf des Interviews zeichnet die Fachkraft ein Bild der Kita als einen Raum, der Rassismus überwunden hat, indem sie weitergehend auf Diskriminierungserfahrungen von Eltern bei externen Institutionen wie dem Jugendamt oder bei Kinderärzten hinweist. Die Kita wird als unterstützender Ort dargestellt, der betroffene Eltern in ihren Diskriminierungserfahrungen begleitet, jedoch nicht selbst zur Aufrechterhaltung rassistischer Strukturen beiträgt. Dabei zeigen verschiedene Studien, dass oftmals eben auch in Kitas Diskriminierung und Rassismus stattfinden kann – sowohl in der institutionellen Praxis aus auch in alltäglichen Interaktionen (vgl. Dean 2020; Bostancı et al. 2022; Bostancı und Wirth 2024).

4. Schlussbetrachtung

In diesem Artikel verdeutlichen wir, wie Rassismus und Diskriminierung in Kitas nicht nur durch direktes (rassistisches) Handeln, sondern auch durch Ausblendung und Verlagerung der Verantwortung auf „externe" Faktoren perpetuiert werden. Oftmals wird bei der Thematisierung von Rassismus und Diskriminierung die eigene Verstrickung ausgeblendet und stattdessen auf Diskriminierungserfahrungen in „anderen" Communities verwiesen, wie z. B. Antikurdischer Rassismus in migrantischen Communities. Wenn aber Vorfälle von Antikurdischem Rassismus als „Konflikte zwischen Türken und Kurden" wahrgenommen werden, fördert dies eine „Wir-Sie"-Dichotomisierung. Dadurch wird die eigene Positionierung innerhalb dieser Dynamik nicht als Teil von Machtverhältnisse betrachtet. Die dominanzgesellschaftliche *weiße* Positionierung wird in eine beobachtende und neutrale Rolle verschoben, was eine mangelnde Bereitschaft zur aktiven Auseinandersetzung zur Folge haben kann.

Zudem besteht die Gefahr, dass im Zuge der Bewältigung von Vorfällen von Antikurdischem Rassismus andere Formen von Rassismus, wie antimuslimischer Rassismus, zum Ausdruck kommen. Dies ist insofern fatal, weil dadurch erstens Rassismus reproduziert wird und zweitens Antikurdischer Rassismus nicht durch antimuslimischen Rassismus bekämpft werden kann. Im Gegenteil, viele Kurd*innen sind muslimischen Glaubens und sind Mehrfachdiskriminierungen ausgesetzt. Deshalb ist eine umfassende Auseinandersetzung mit diesen Dynamiken und ein Bewusstsein für die Verflechtungen verschiedener Formen von Rassismus erforderlich sowie das Erkennen eigener Verstrickungen in Diskriminierungsverhältnisse.

Unsere Analyse zeigt, dass die Externalisierung von Rassismus und die De-Thematisierung spezifischer Rassismuserfahrungen somit nicht nur die realen Lebensbedingungen von rassifizierten Kindern und Familien negativ beeinflussen, sondern auch zur Verfestigung von rassistischen Strukturen in Bildungseinrichtungen beitragen. Die Herausforderung besteht darin, diese Mechanismen zu erkennen, kritisch zu hinterfragen und letztlich zu überwinden, um eine offene, vielfältige und gerechte Gesellschaft – und zwar von Anfang an! – zu fördern.

Literatur

Bostancı, Seyran; Wirth, Benedikt (2024): Institutioneller Rassismus in Kindertageseinrichtungen. Erscheinungsformen und Handlungsstrategien. In: Zeitschrift für Migration und Soziale Arbeit (1), S. 56–62. Weinheim/Basel: Beltz Juventa. Online unter: https://www.beltz.de/fachmedien/sozialpaedagogik_soziale_arbeit/zeitschriften/migration_und_soziale_arbeit/artikel/53435-institutioneller-rassismus-in-kindertageseinrichtungen-erscheinungsformen-und-handlungsstrategien.html, zuletzt geprüft am 15.05.2024.

Bostancı, Seyran; Biel, Christina und Neuhauser, Bastian (2022): „Ich habe lange gekämpft, aber dann sind wir doch gewechselt". Eine explorativ-qualitative Pilotstudie zum Umgang mit institutionellem Rassismus in Berliner Kitas. NaDiRa Working Papers 1, Berlin: Deutsches Zentrum für Integrations- und Migrationsforschung (DeZIM). online unter: https://www.dezim-institut.de/publikationen/publikation-detail/ich-habe-lange-gekaempft-aber-dann-sind-wir-doch-gewechselt-fa-5371/, zuletzt geprüft am 15.05.2024.

Charmaz, Kathy (2014): Constructing Grounded Theory. London: Sage.

Dean, Isabel (2020): Bildung – Heterogenität – Sprache. Rassistische Differenz- und Diskriminierungsverhältnisse in Kita und Grundschule. Wiesbaden: Springer VS.

Essed, Philomena (1991): Understanding everyday racism. An interdisciplinary theory. Thousand Oaks. New York: Sage Publications.

Foroutan, Naika (2019): Die postmigrantische Gesellschaft. Ein Versprechen der pluralen Demokratie. Bielefeld: transcript.

Ghaderi, Çinur und Almstadt, Esther (2023): Expertise. Kurden in Deutschland. Berlin: Mediendienst Integration. Online unter: https://mediendienst-integration.de/fileadmin/Dateien/MEDIENDIENST_Expertise_Kurden_in_Deutschland.pdf, zuletzt geprüft am 15.05.2024.

Hall, Stuart (1989): Rassismus als ideologischer Diskurs. In: *Das Argument* 178(31), S. 913–921.

Heaton, Janet (2004): Reworking Qualitative Data. London: Sage. Online unter: https://doi.org/10.4135/9781849209878.

Jasim, Dastan (2024): Wir sind nicht alle gleich. Antikurdischer Rassismus, deutsch-türkische Beziehungen und die Grenzen des deutschen Antirassismus. In: Amadeu Antonio Stiftung (Hrsg.): Doppelt Unsichtbar. Innermigrantischer Rassismus in Deutschland und die organisierte türkische Rechte. Online unter: https://www.amadeu-antonio-stiftung.de/wp-content/uploads/2024/05/Doppelt_unsichtbar_web.pdf, zuletzt geprüft am 15.05.2024.

Kratzmann, Jens; Sawatzky, Alla und Sachse, Steffi (2020): Professionalisierung pädagogischer Fachkräfte in Kindertageseinrichtungen – Über das Zusammenspiel von Wissen, Einstellungen und Handeln. In: ZfE – Zeitschrift für Erziehungswissenschaft (23), S. 539–564. Online unter: https://link.springer.com/article/10.1007/s11618-020-00946-w, zuletzt geprüft am 15.05.2024.

Kuhn, Melanie (2013): Professionalität im Kindergarten. Eine ethnographische Studie zur Elementarpädagogik in der Migrationsgesellschaft. Wiesbaden: Springer VS. Online unter: https://doi.org/10.1007/978-3-531-19158-4.

Mai, Hanna Hoa Anh (2020): Pädagog*innen of Color. Professionalität im Kontext rassistischer Normalität. Diversität in der Sozialen Arbeit Bd. 2, Weinheim/Basel: Beltz Juventa.

Messerschmidt, Astrid (2010): Distanzierungsmuster. Vier Praktiken im Umgang mit Rassismus. In: Broden, Mecheril (Hrsg.): Rassismus bildet Bildungswissenschaftliche Beiträge zu Normalisierung und Subjektivierung in der Migrationsgesellschaft, Bielefeld: transcript.

Rommelspacher, Birgit (1995): Dominanzkultur. Texte zu Fremdheit und Macht. Berlin: Orlanda.

Spivak, Gayatari Chakravorty (1985): The Rani of Sirmur: An Essay in Reading the Archives. *History and Theory, 24*(3), 247–272. https://doi.org/10.2307/2505169, zuletzt geprüft am 15.05.2024.

Sue, Derald W.; Capodilupo, Christina M.; Torino, Gina C.; Bucceri, Jennifer M.; Holder, Aisha M. B.; Nadal, Kevin L.; Esquilin, Marta (2007): Racial microaggressions in everyday life: Implications for clinical practice. *American Psychologist, 62*(4), 271–286.

Yeşil Sincar, Diren (2024): Anti-Kurdish Racism in Germany: Decolonial Perspectives on the German Education System. In: South Atlantic Quarterly 2024, 11381009. Online unter doi: https://doi.org/10.1215/00382876-11381009, zuletzt geprüft am 15.07.2024.

Antikurdischer Rassismus in digitalen Räumen und seine Auswirkungen auf die Identitätsbildung Jugendlicher in Deutschland

Kenan Engin

Die Identitätsbildung von Jugendlichen ist ein komplexer Prozess, der maßgeblich durch soziale Interaktionen, kulturelle Zugehörigkeit und gesellschaftliche Anerkennung geprägt wird (Erikson 1968). In der heutigen digitalisierten Welt nehmen soziale Medien eine zentrale Rolle in diesem Prozess ein. Für junge Kurd*innen in Deutschland, die sowohl mit migrations- bzw. fluchtbedingten Erfahrungen als auch mit Alltagsrassismus konfrontiert sind, stellt die „entterritorialisierte" digitale Welt jedoch einen ambivalenten Raum dar. Einerseits bieten diese Plattformen Möglichkeiten zur Vernetzung, zum Austausch über soziale und unterdrückte politische Ansichten sowie zur Entfaltung von Identität und Zugehörigkeitsgefühlen. Andererseits werden sie zunehmend auch zu Orten der Entgrenzung, von Bedrohungen sowie Reproduktion von Diskriminierung und antikurdischen Rassismus.

Im vorliegenden Beitrag möchte ich analysieren, wie sich antikurdischer Rassismus in digitalen Räumen äußert und welche Auswirkungen er auf die Identitätsentwicklung junger Kurd*innen hat bzw. haben könnte. Dabei möchte ich mich im ersten Schritt einleitend damit auseinandersetzen, wie die digitalen Räume durch die Digitalisierungsära u. a. ein Ort für Rassismus, Hate Speech und andere Arten von Diskriminierungen, vor allem für die jungen Generationen, geworden sind. Darauffolgend soll das Thema am Beispiel junger Kurd*innen konkretisiert und diskutiert werden.

Rassismus und Diskriminierung in den digitalen Umgebungen

Als Begleiterscheinung der Corona-Pandemie haben sich Begegnungsorte der Menschen stark verlagert und digitalen Räume wurden kontinuierlich Schauplatz sozialer Prozesse und Machtkämpfe. Infolgedessen erfuhr die wissenschaftliche Auseinandersetzung mit Themen wie digitalem Alltagsrassismus, Hate Speech sowie anderen Arten von digitalen Diskriminierungen eine besondere Bedeutung, sodass wir in den letzten Jahren glücklicherweise mehr und mehr Studien bzw. Forschungen zu Ursachen und Folgen sehen. Exemplarisch soll hier besonders die Studie „(Not) Welcome to Digital Germany" Ursachen und Mechanismen von Cyber-Diskriminierung“ vom Mannheimer Zentrum für Europäische Sozialforschung (MZES) aus dem Jahr 2023 erwähnt werden. Inwieweit die Anwendung von Künstlicher Intelligenz (KI) diese Prozesse beeinflussen wird, ist eine wichtige und hochaktuelle Frage, zu der die Wissenschaft noch zu forschen hat.

Die aktuellen Forschungen zeigen, dass rassistische und diskriminierende Tendenzen sich in den digitalen Räumen auf vielfältige Weise etabliert bzw. verfestigt haben. Diese wirken sich auf Jugendliche gravierend aus, insbesondere auf Jugendliche mit Migrationshintergrund (Tynes at al. 2020). Die kürzlich bekanntgegebene „HATE SPEECH FORSA-STUDIE 2024“ der Landesanstalt für Medien NRW besagt, dass etwa 50 % der Befragten mit Migrationshintergrund mindestens einmal Opfer von Hate-Speech geworden sind (Landesanstalt für Medien NRW 2024).

Auswirkungen von digitaler Diskriminierung auf Jugendliche

Diskriminierungserfahrungen in digitalen Umgebungen haben weitgehende psychologische und soziale Folgen für Jugendliche. Studien von Tynes et al. (2008, 2020) belegen, dass der wiederholte Kontakt mit rassistischen Inhalten zu einer erhöhten Belastung führt, die sich negativ auf die mentale Gesundheit auswirkt (Tynes et al. 2008, 2020). Eine Schlußfolgerung der Studie 2008:

> *„Although causality cannot be established, this study is one of the first to suggest that the race-related victimization adolescents experience online may have a negative effect on psychological adjustment“ (Tynes at al. 2008).*

Auch Keum/Miller fanden in einer groß angelegten Studie 2018 heraus, dass Jugendliche, die online rassistischen Diskriminierungen ausgesetzt sind, ein höheres Risiko für Depressionen, Angststörungen und posttraumatische Belastungssymptome aufweisen. Diese psychischen Belastungen können langfristige Auswirkungen haben, da sich ein negatives Selbstbild und ein Gefühl der sozialen Ausgrenzung manifestieren können (Keum/Miller 2018). Ferner kann Diskriminierung in den digitalen Räumen zur Isolierung von Jugendlichen führen, die Opfer von rassistischen Ausgrenzungen werden. Die Betroffenen ziehen sich öfter aus der digitalen Welt zurück, um sich vor weiteren diskriminierenden Erfahrungen zu schützen. Dies kann jedoch dazu führen, dass sie von wichtigen sozialen Netzwerken ausgeschlossen werden, die für ihre persönliche und akademische Entwicklung entscheidend sein können (Tynes at al. 2020). Hope at al. untersuchten dieses Phänomen unter den „Black adolescents and emerging adults“ und fanden heraus, dass besonders junge Menschen betroffen sind, die in überwiegend *weißen* Mehrheitsgesellschaften leben und digitale Räume als eine

Möglichkeit zur Vernetzung mit anderen marginalisierten Gruppen nutzen. Der Rückzug aus diesen Räumen kann zu einem Verlust von Identitätsstärkung und gegenseitiger Unterstützung führen (Hope at al. 2018).

Zusammenfassend lässt sich sagen, dass rassistische und andere Arten von Diskriminierungen in den digitalen Räumen sowohl auf den psychischen und sozialen Entwicklungsprozess von Jugendlichen als auch auf ihre Identitätsbildung enorme negative Auswirkungen haben (können).

Antikurdischer Rassismus in der digitalen Welt

Antikurdischer Rassismus kann als spezifische Form ethnischer Diskriminierung verstanden werden, die Kurd*innen aufgrund ihrer ethnischen, kulturellen und politischen Identität abwertet.

In digitalen Räumen äußert er sich in folgenden Formen:

Hate Speech (Hassrede): Das ist ein Phänomen, das besonders in digitalen Räumen an Bedeutung gewinnt und gruppenbezogene Diskriminierung zum Ziel hat, zumindest im kurdischen Kontext. Junge Kurd*innen sind in sozialen Netzwerken wie TikTok und Twitter häufig Opfer solcher Diskriminierung. Sie werden in Kommentarspalten oft mit abwertenden Begriffen wie „Verräter", „Kriminelle" oder „Landlose" bezeichnet. Die kurdische Sprache sowie kurdische Symbole wie zum Beispiel die kurdische Fahne oder die Verwendung ihrer Farben, werden häufig für illegitim bzw. illegal erklärt und beleidigend herabgewürdigt.

Diese Form der verbalen Gewalt ist Ausdruck eines antikurdischen Rassismus, der durch politische Diskurse und gesellschaftliche Vorurteile verstärkt wird. Laut einer Untersuchung der Landesanstalt für Medien NRW 2024 haben vor allem junge Menschen mit Migrationshintergrund wie Kurd*innen eine hohe Wahrscheinlichkeit, Hate Speech im Internet zu erleben. Dies führt nicht nur zu emotionalem Stress und Angst, sondern auch dazu, dass sich betroffene Gruppen aus politischen Diskussionen zurückziehen, was als „Silencing"-Effekt bezeichnet wird (Landesanstalt für Medien NRW 2024). Während diese Art von Diskriminierung auf der Mikroebene Individuen betrifft, verursachen diese auf der Makroebene (gesellschaftlicher Ebene) durch die algorithmische Verstärkung die Verbreitung von rassistischen Narrativen sowie die Normalisierung von Diskriminierung.

Politische Hetze und Desinformation: Ein anderer Aspekt ist die Verknüpfung von Kurd*innen mit Terrorismus, insbesondere durch rechtsextreme und nationalistische Akteur*innen. Auf Sozialmedia-Plattformen kursieren regelmäßig solche Informationen, die zum Teil hundertfach geteilt werden. Wenn gesellschaftspolitische Spannungen im Kontext der „Kurdenfrage" auftreten, kursieren beispielsweise des Öfteren Beiträge, Kommentare sowie Bilder, die Kurd*innen pauschal als Unterstützer*innen der PKK oder anderer bewaffneter

Gruppen darstellen. Gegen die Kurd*innen gerichtete Desinformation und Hetze ist oft mit antisemitischen und anti-armenischen Narrativen verknüpft. Diese verbreitete Strategie besteht darin, Kurd*innen als „Unterstützer des Zionismus" oder als „Verbündete Israels bzw. Armenien" im Nahen Osten darzustellen. Ferner werden Kurd*innen als „Feinde des Islam" bzw. „Nicht-Muslim*innen" dargestellt und somit pauschal diffamiert. Diese Rhetorik ist besonders in nationalistischen und islamistischen Diskursen anzutreffen, die Feindbilder wie Israel oder Armenien als Bedrohung für nationale oder religiöse Identitäten konstruieren. Hierbei werden die Begriffe „Armenien" und „Israel" nicht neutral verwendet, sondern als Schmähung eingesetzt, um Kurd*innen zu delegitimieren und sie als vermeintliche Verräter*innen darzustellen.

Die gezielte Verknüpfung antikurdischer, antisemitischer und anti-armenischer Narrative zeigt, dass sich in der politischen Propaganda alte Feindbilder fortsetzen. In den Herkunftsländern der Kurd*innen reicht diese Tradition bis ins Osmanische Reich zurück, wo ethnische und religiöse Minderheiten wie Armenier*innen und Jud*innen systematisch benachteiligt wurden. Hier sehen wir u. a. den latenten Antisemitismus in Teilen der Gesellschaft als Ausdruck dieser Kontinuität. Solche Arten von Desinformationen über die sozialen Medien zu verbreiten, dienen der Verunglimpfung und Kriminalisierung der Kurd*innen und tragen auch zur potenziellen Gewaltlegitimation gegen sie bei. Wie oben festgestellt wurde, wird ihnen dadurch der Zugang zu digitalen Räumen, die für sie zur Vernetzung, Identitätsstärkung und gegenseitiger Unterstützung dienen, erschwert oder gar weggenommen.

Bedrohungen und Volksverhetzung: Neben Hassrede und politischer Hetze sind auch direkte Beleidigungen und Gewaltaufrufe weit verbreitet. In den Kommentarspalten von Sozialmedia-Einträgen finden sich häufig Drohungen, die zur Vertreibung oder gar zur Vernichtung von Kurd*innen aufrufen. Laut einem Bericht des Bundestages gibt es eine nicht zu unterschätzende Anzahl polizeibekannter Fälle, in denen Kurd*innen über soziale Medien Drohungen von Anhänger*innen der türkischen rechtsextremen Bewegung „Graue Wölfe" erhalten haben. Diese sind in der digitalen Hetze gegen Kurd*innen besonders aktiv. Diese ultranationalistische Bewegung sieht Kurd*innen als Bedrohung für den türkischen Nationalstaat und verbreitet gezielt Feindbilder, die sich sowohl in digitalen als auch in physischen Angriffen niederschlagen (Bundestag 2023). Diese Gewaltfantasien gehen oft mit Verschwörungstheorien einher, die Kurd*innen als „Feinde der Nation" oder „Verräter*innen" darstellen. Die Bundesregierung auf eine kleine Anfrage der Linken-Fraktion: „Typische Ausprägung dieser Haltung innerhalb der ‚Ülkücü'-Bewegung ist heute, dass alle Kurden, die sich zum Kurdentum bekennen, undifferenziert als Anhänger der ‚Arbeiterpartei Kurdistans' (PKK) und damit als Terroristen und Verräter angesehen und behandelt werden (Bundestag 2024)."

In mehreren Fällen wurden kurdische Aktivist*innen, die sich über soziale Medien kritisch gegenüber der türkischen Regierung äußerten, mit Morddrohungen konfrontiert (Ermagan 2024). Laut einem Bericht des Bundestages waren die kurdischen Politiker*innen wie Civan Akbulut, deutsch-kurdischer Aktivist und LINKEN-Politiker in Essen, Cansu Özdemir, Fraktionsvorsitzende der LINKEN in der Hamburger Bürgerschaft oder Sarya Atac, Mitglied in der kommunalen Ausländervertretung Frankfurt am Main in den letzten Jahren Zielscheibe der Online-Angriffe (Bundestag 2024). Diese Art von Hetze in sozialen Medien beschränkt sich nicht nur auf individuelle Drohungen, sondern umfasst auch organisierte Desinformationskampagnen. So gibt es koordinierte Aktionen, in denen Nutzer*innen gezielt kurdische Profile melden, um deren Inhalte sperren zu lassen. Die gezielte Bedrohung und Hetze gegen Kurd*innen führen häufig zu psychischen Belastungen für Betroffene und nicht selten auch zu realen Übergriffen.

Zusammenfassend kann festgestellt werden, dass die zunehmenden Bedrohungen und die systematische Volksverhetzung gegen Kurd*innen in sozialen Netzwerken ein Ausdruck des digitalen Rassismus sind, der reale Konsequenzen u. a. hat.

Auswirkungen der digitalen Diskriminierung auf die Identitätsentwicklung der kurdischen Jugendlichen

Die Identitätsbildung junger Kurd*innen in Deutschland ist ein komplexer Prozess, der sowohl durch die Zugehörigkeit zur kurdischen Kultur als auch durch die Erfahrungen von Diskriminierung in der Mehrheitsgesellschaft geprägt ist. In einem Bericht der Bundeszentrale für politische Bildung (2023) zur Rolle von sozialen Medien und Jugendkultur wird betont, dass digitale Räume eine Orientierung für die soziale Identität Jugendlicher bieten, in denen man nach sozialer Bindung und geteilten Identitäten streben kann. Darüber hinaus sind solche Plattformen für Jugendliche ein wichtiger Motor beim Umbau der sozialen Beziehungen und Interaktionen, sodass man sich von den gewohnten Kindheitsräumen ablöst und sich in eine Welt begibt, in der man gleichaltrige, gleichgesinnte Menschen trifft und somit weitere Bausteine eigener Identität aufeinanderlegt (Gemkow 2023). Nach Rieger/Requate hat die Diaspora-Erfahrung – das Aufwachsen in einer Gesellschaft, die den Zugang zu gleichwertigen Chancen aufgrund ethnischer Herkunft beschränkt – einen prägnanten Einfluss auf die Entwicklung von Identität (Rieger/Requate, 2020). In Bezug auf junge Kurd*innen sind digitale Räume zunehmend zu einem Ort der Selbstrepräsentation geworden, doch sie sind auch mit zahlreichen Herausforderungen konfrontiert, da sie häufig mit antikurdischem Rassismus und kulturellen Ausschlussmechanismen rechnen müssen. Digitale Räume sind nicht nur Plattformen der kulturellen

Identitätsbildung, darüber hinaus sind sie auch Orte der Auseinandersetzung mit rassistischen und diskriminierenden Diskursen. Der verbreitete antikurdische Rassismus in digitalen Räumen hat signifikante Auswirkungen auf das psychische Wohlbefinden und das Selbstbild von kurdischen Jugendlichen. Die anhaltende rassistische Diskriminierung verstärkt bei ihnen negative Emotionen wie Scham, Wut und Traurigkeit. Diese emotionale Gemengelage kann zu einer Verringerung des Selbstwertgefühls führen. Diese Faktoren können Jugendliche, die mit einem „mehrfachen" Diskriminierungserlebnis wie kurdische Jugendliche konfrontiert sind, besonders treffen (Tynes at al. 2020). Kurd*innen mit Fluchthintergrund sind besonders anfällig für Belastungen, da sie sowohl die Auswirkungen ihrer eigenen oder familiären Fluchtgeschichte als auch die Herausforderungen des Lebens in der Diaspora bewältigen müssen. Die Fluchtgeschichte ist daher ein zentraler Bestandteil ihrer Biografien und stellt eine erhebliche emotionale und soziale Herausforderung dar. Wenn dazu Rassismuserfahrungen (Off- oder Online) kommen, sind sie dadurch einer mehrfachen Diskriminierung ausgesetzt. Zudem soll hier besonders betont werden, dass viele Kurd*innen, die in der Diaspora mit rassistischen Beleidigungen und digitalen Angriffen konfrontiert sind, sich nicht offen dagegen wehren können. Ein zentraler Grund ist die Angst vor Repressionen in ihren Herkunftsländern. Da viele weiterhin familiäre Verbindungen in diese Länder haben oder dorthin reisen möchten, befürchten sie, dass prokurdische Äußerungen im Netz zu negativen Konsequenzen führen könnten – etwa Einreiseverboten, Festnahmen oder Schikanen durch staatliche Behörden. Aus einer intersektionalen Perspektive betrachtet verstärken sich diese Belastungen gegenseitig und prägen die Lebensrealität vieler junger Kurd*innen in Deutschland nachhaltig. Die aktuellen Studien wie „Lauter Hass – leiser Rückzug" – „Wie Hass im Netz den demokratischen Diskurs bedroht" 2024 vom Kompetenznetzwerk gegen Hass im Netz belegen, dass diese Art von Belastungen zum Rückzug aus den digitalen Diskussionen führen und einen Silencing-Effekt erzeugen können. Der Rückzug aus der digitalen Welt bzw. *Silencing* schränken die politische Teilhabe der kurdischen Jugendlichen ein und tragen dazu bei, dass rassistische Narrative über die Kurd*innen in den sozialen Medien dominanter werden.

Ein weiterer zentraler Punkt in Bezug auf die Auswirkungen von antikurdischem Rassismus ist die algorithmische Unsichtbarmachung von kurdenspezifischen Themen auf Social-Media-Plattformen. Da die kurdischen Symbole wie Flaggen, Poster, Fotos, politische Statements und kulturelle Darstellungen in sozialen Medien oft strenger moderiert werden als Inhalte anderer Bevölkerungsgruppen, werden sie automatisch unsichtbarer. Dies geschieht nicht nur durch manuelle Zensur, sondern auch durch algorithmische Verfahren, die automatisch Inhalte herausfiltern, die als „problematisch" gelten. Besonders im Zusammenhang mit kurdischen Themen wird häufig festgestellt, dass Inhalte zu politischen Bewegungen wie der PKK, YPG oder weiteren kurdischen Symbolen und politischen Überzeugungen von sozialen Medienplattformen gelöscht werden.

Diese verstärken eine algorithmische Diskriminierung, fördern das Gefühl der politischen Unsichtbarkeit bei den jungen Kurd*innen und tragen zur sozialen Entfremdung bei.

Während diese Art von Online-Diskriminierungen bei einem Teil der jungen Kurd*innen zu sozialen sowie emotionalen Belastungen und anschließend zum Rückzug aus den digitalen Plattformen führt, entwickelt ein anderer Teil Gegenstrategien, um diese Benachteiligungen zu überwinden. Eine dieser Strategien ist z. B. die Nutzung von Hashtags wie #Kurdishpower oder #Kurdish auf Twitter o. ä., um ihre Identität sichtbar zu machen. Diese Art von Strategien dient nicht nur zur Sichtbarmachung der Identität, sondern auch zur politischen Mobilisierung und zur Stärkung des kollektiven Selbstbewusstseins. Damit kann der digitale Aktivismus einen positiven Einfluss auf die Identitätsbildung haben.

Zusammenfassend kann festgestellt werden, dass antikurdischer Rassismus in digitalen Räumen erhebliche negative Auswirkungen auf die Identitätsbildung junger Kurd*innen in Deutschland hat. Die ständige Konfrontation mit Hate Speech, die algorithmische Unsichtbarmachung ihrer Identität und die psychischen Belastungen durch Diskriminierung erschweren die positive Entwicklung von Selbstwertgefühl und Zugehörigkeit. Dennoch bieten digitale Räume durch die Gegenstrategien der jungen Kurd*innen auch Potenziale für die Stärkung der kulturellen Identität.

Literaturverzeichnis

Bernhard, L., & Ickstadt, L. (2024). Lauter Hass – leiser Rückzug: Wie Hass im Netz den demokratischen Diskurs bedroht. Kompetenznetzwerk Hass im Netz. [https://kompetenznetzwerk-hass-im-netz.de/wp-content/uploads/2024/02/Studie_Lauter-Hass-leiser-Rueckzug.pdf], (Zugriff am 5. März 2025).

Bundestag. (2023). Bedrohungen durch türkische Rechtsextremisten in Deutschland. [https://www.bundestag.de/presse/hib/kurzmeldungen-982534], (Zugriff am 20. Februar 2025).

Bundestag. (2024). Bedrohungen gegen türkische und kurdische Linke durch türkische Rechtsextremisten in Deutschland. [https://dserver.bundestag.de/btd/20/095/2009590.pdf], (Zugriff am 23. Februar 2025).

Erikson, E. (1968). Identity: Youth and crisis. Norton.

Ermagan, N. (2024). Wie „Graue Wölfe" Kritiker jagen und bedrohen. ZDF. [https://www.zdf.de/nachrichten/politik/deutschland/graue-woelfe-drohung-kurden-armenier-rechtsextremismus-verbot-100.html], (Zugriff am 27. Februar 2025).

Gemkow, J. (2023). Jugend und soziale Medien. Bundeszentrale für politische Bildung. [https://www.bpb.de/shop/zeitschriften/izpb/medienkompetenz-355/523579/jugend-und-soziale-medien/], (Zugriff am 1. März 2025).

Hope, E. C. (2019). Engaged against the machine: Institutional and cultural racial discrimination and racial identity as predictors of activism orientation among Black youth. American Journal of Community Psychology, 63(4), 46–57.

Keum, B. T., & Miller, M. J. (2018). Measurement invariance of the Perceived Online Racism Scale across age and gender. Cyberpsychology: Journal of Psychosocial Research on Cyberspace, 12(3), Article 3. [https://doi.org/10.5817/CP2018-3-3] (https://doi.org/10.5817/CP2018-3-3)

Landesanstalt für Medien NRW. (2024). Hate Speech FORSA-Studie 2024: Zentrale Untersuchungsergebnisse. [https://www.medienanstalt-nrw.de/fileadmin/user_upload/Forschung/forsa_Hassrede/LFMNRW_Hatespeech_forsa_2024.pdf], (Zugriff am 3. März 2025).

Rieger, S., & Requate, M. (2020). Identitätsentwicklung und digitale Medien: Jugendkultur in der Diaspora. Bundeszentrale für politische Bildung.

Tynes, B. M., et al. (2008). Online racial discrimination and psychological adjustment among adolescents. Journal of Adolescent Health, 43 (5), 565–569.

Tynes, B. M., et al. (2020). Trajectories of online racial discrimination and psychological functioning among African American and Latino adolescents. Child Development, 91(5), 1577–1593.

ZEW Mannheim. (2024). Data-driven analysis of hate speech on German Twitter and the effects of regulation. [https://www.zew.de/en/research-at-zew/projects/data-driven-analysis-of-hate-speech-on-german-twitter-and-the-effects-of-regulation], (Zugriff am 1. März 2025).

Von Zuschreibungen und Unsichtbarkeit: Die rassistischen Erfahrungen kurdischer Schüler*innen im deutschen Bildungssystem – Antikurdischer Rassismus

Diren Yeşil

Einleitung

> *„Nach langer Zeit habe ich nicht mehr gesagt, dass ich kurdisch bin. Irgendwann habe ich, ohne bewusst darüber nachzudenken, gesagt, dass ich irakisch bin. Ich habe gemerkt, dass es bei den Leuten besser ankommt, wenn ich nicht sage, dass ich kurdisch bin.“ (A)*[1]

In diesem Zitat beschreibt A sehr eindrücklich, in welchem Ausmaß sich Antikurdischer Rassismus auf Subjektbildungsprozesse auswirkt. Das Zitat verweist auf die Unsichtbarmachung und folgliche Auslöschung kurdischer Identitäten durch – so kann in Anlehnung an Hall (1996) formuliert werden – kollektive und systematische Prozesse kultureller wie auch politischer Marginalisierung, die weit über individuelle psychologische Mechanismen hinausgehen. A spricht hier von einer Form der Unsichtbarmachung, die bereits in den Erfahrungen des Antikurdischen Rassismus, den A in Kurdistan erlebte und der schließlich auch als Fluchtursache diente, verankert ist. Es kommt hier insofern zu einer Fortschreibung von Erfahrungen des Antikurdischen Rassismus in Deutschland. Die Übernahme der zugeschriebenen Zugehörigkeit als „irakisch“ und die bewusste Nicht-Erwähnung der eigenen Zugehörigkeit als „kurdisch“ stellt eine Strategie dar, die ein besseres Überleben innerhalb der deutschen Schule gewährleisten soll.

Dieses Zitat stammt aus einem Interview, das im Rahmen meines Forschungsprojekts „Rassismuserfahrungen von Kurd*innen in Deutschland – Funktionen und Effekte des (Nicht)Sprechens über antikurdischen Rassismus in den Bildungswirklichkeiten der Migrationsgesellschaft“ geführt wurde, welches sich

1 Das Interview wurde im September 2022 auf Deutsch von mir durchgeführt. A ist zum Zeitpunkt des Interviews Mitte Zwanzig und studiert Politikwissenschaften. A positioniert sich im Interview als êzidisch und kurdisch. A ist kurz nach deren Eltern selbst als Kind aus dem Süden Kurdistans geflüchtet.

mit den Auswirkungen von Antikurdischem Rassismus auf Schüler*innen im deutschen Bildungssystem beschäftigt. In diesem Rahmen führte ich zwischen 2022 und 2023 sechs biographisch-narrative Interviews auf Deutsch[2]. In meinen Interviews mit Personen, die sich als Kurd*innen[3] positionieren, begegneten mir vielfach Entwertungserfahrungen aufgrund von Rassifizierung, kriminalisierender Zuschreibungen, alltäglicher Unsichtbarmachung, der Erfahrung des Nicht-Vorkommens und der Abwertung. Die dort geschilderten Antikurdischen Rassismuserfahrungen[4] stehen konträr zum pädagogischen Anspruch an eine rassismuskritische Schule für alle. Denn der fachliche Anspruch an pädagogische Einrichtungen verlangt, der Vielzahl an Identitätsentwürfen, Erfahrungen sowie Zugehörigkeiten in der Gesellschaft Anerkennung und Wertschätzung zu verschaffen und diese sichtbar werden zu lassen. Eine rassismuskritische Pädagogik besteht darin, koloniale Denkmuster zu überwinden, alternatives Wissen zu erwerben und die Mechanismen der Unsichtbarmachung und Auslöschung von Erfahrungen und Biografien zu identifizieren und kritisch zu hinterfragen.

In diesem Artikel gehe ich der Frage nach, wie sich Antikurdischer Rassismus im deutschen Bildungssystem auswirkt, indem ich darstelle, wie sich die Unsichtbarmachung kurdischer Identitäten bei Schüler*innen sowohl institutionell als auch individuell realisiert. Dafür beginne ich mit einer historischen Darstellung der kurdischen Diaspora und ihrer (institutionellen) Unterdrückungserfahrungen, um den Kontext meiner Untersuchung zu verdeutlichen. Anschließend gehe ich auf die Möglichkeiten und die Bedeutung rassismuskritischer Perspektiven in der Bildungsforschung ein, die zur Sichtbarmachung eben jener Realitäten beitragen können. Abschließend präsentiere ich einen detaillierten Überblick meiner Forschungsarbeit, indem ich zentrale Einsichten und Fragestellungen in Bezug auf Antikurdischen Rassismus im deutschen Bildungssystem herausarbeite.

---

2 Die Interviews enthielten jedoch an verschiedenen Stellen auch kurdische oder türkische Sprachanteile, mit Personen, die oder deren Eltern aus unterschiedlichen Regionen Kurdistans nach Deutschland migriert sind und die in Deutschland die Schule und zum Teil auch weitere Bildungsinstitutionen besucht haben.

3 Die Bezeichnung „Kurd*innen" wird hier für Personen verwendet, die sich selbst als kurdisch identifizieren oder von anderen so positioniert werden. Diese Identität ist weder homogen noch essenziell, sondern ein relationales und diskursiv geprägtes Konstrukt, das sich je nach Kontext und historisch-politischen Rahmenbedingungen wandeln kann (Stuart Hall 1994).

4 Ich spreche in der Folge von Antikurdischem Rassismus. Ob der Begriff sich als angemessen erweist, um die spezifischen und komplexen Unterdrückungserfahrungen von Kurd*innen zu erfassen, stellt für mich eine offene Frage dar, die aber nicht hier, sondern im Kontext (zukünftiger) kurdischer und rassismuskritischer Arbeiten und Forschungen zu klären ist.

1. Kurdisches Exil und strukturelle Herausforderungen: Historische Hintergründe und Auswirkungen im Bildungskontext

Kurd*innen stellen weltweit eine der größten staatenlosen Diasporas dar. Dabei gilt Deutschland für Kurd*innen als das „bedeutendste Migrationszielland in Europa" (Ghaderi/Almstadt 2023, S. 5). Schätzungsweise 1,3 Millionen Kurd*innen leben in Deutschland (vgl. ebd., S. 2), an konkretere Zahlen zu gelangen, ist schwierig, da Kurd*innen überwiegend die Staatsbürgerschaften ihres Herkunftslandes besitzen. Hier findet auch das Eingangszitat von A Widerhall: In amtlichen Erhebungen werden Kurd*innen in der Regel als Iraker*innen, Iraner*innen, Syrer*innen oder Türk*innen erfasst (vgl. ebd.).

Die Anfänge dieser Diaspora nach Deutschland reichen mehr als 100 Jahre zurück. Wie Skubsch (2000, S. 105) ausführt, lassen sich ökonomische und politische Gründe für die kurdische Migration nach Deutschland nicht klar voneinander trennen. In Anlehnung an Ghaderi/Almstadt (2023, S. 5 ff.) lässt sich aber feststellen, dass bis Anfang der 1960er Jahre vor allem kurdische Intellektuelle nach Deutschland migrierten, wobei Studentenvereinigungen wie die ‚Kurdish Students Society in Europe' (KSSE) gegründet wurden. Mit dem Deutsch-Türkischen Anwerbeabkommen setzte dann in der Zeit von 1961 bis 1973 die kurdische Arbeitsmigration ein; unter den 2,1 Millionen Menschen aus der Türkei waren mindestens 500.000 Kurd*innen (vgl. ebd.). Schließlich sind es seit den 1980er Jahren unterschiedliche politische und kriegsbedingte Gründe, warum Kurd*innen immer wieder in größerer Zahl nach Deutschland fliehen. In den 2010er Jahren suchten diese Menschen Schutz vor dem Terror des Islamischen Staates (IS); aktuell lässt sich eine verstärkte Migration von Kurd*innen aus der Türkei aufgrund der politischen Lage und den verheerenden Erdbeben im Februar 2023 verzeichnen. Fluchtbewegungen aus Syrien und dem Iran setzen sich ebenfalls fort (vgl. ebd.).

Ebenso lange wie es die Migrationen von Kurd*innen nach Deutschland gibt, gibt es institutionellen Hindernisse für diese Personen. Bis Mitte der 1980er Jahre wurden Kurd*innen in Deutschland nicht als solche wahrgenommen, sie galten zumeist als Iraker*innen, Iraner*innen, Syrer*innen oder Türk*innen. Mit dem Bürgerkrieg in der Türkei änderte sich dies einerseits fundamental, andererseits ging nur ein sehr schmales Fenster der Aufmerksamkeit auf. In diesem neuen Kontext rückten kurdische Identitäten stärker in den Fokus, wobei ihre Repräsentation sowie politische Ausdrucksformen zunehmend als Bedrohung wahrgenommen wurden. Die Quasi-Gleichsetzung jedweder kultureller wie politischer Äußerungen mit der PKK[5] legitimiert viele institutionelle Praxen der Kriminalisierung: Daten von Personen, die sich politisch äußern oder sich in kurdischen Vereinen und Organisationen engagieren, werden bis in die Gegenwart routinemäßig an den Verfassungsschutz und andere Sicherheitsbehörden weitergegeben (vgl. Ghaderi/Almstadt 2023, S. 13). Dies betrifft insbesondere Kurd*innen, die durch ihre politische oder gesellschaftliche Aktivität als „verdächtig" eingestuft werden. Mitglieder kurdischer Vereine unterliegen seither einer besonderen Überwachung und werden als ‚verdächtig' betrachtet. Das PKK-Verbot kriminalisiert das kurdische Leben in Deutschland und wirkt sich weitreichend aus: Es beeinträchtigt das Leben vieler Menschen, schränkt ihre politischen Rechte und Ausdrucksmöglichkeiten ein und führt zu verstärkten Kontrollen sowie zu Veranstaltungsverbote (vgl. ebd.).

In vielen Bereichen ist das gesellschaftliche Leben von Kurd*innen in Deutschland von staatlichen Stellen der Herkunftsländer eingeschränkt, insbesondere durch den türkischen Staat. In den 1960er Jahren wurden die Konsulate der Herkunftsländer, aus denen viele Migrant*innen stammten, damit betraut, den Sprachunterricht zu organisieren – auch für schulpflichtige Kinder und Jugendliche. Da Türkisch im Fokus stand, hatten kurdische Kinder weder in Deutschland noch in der Türkei Zugang zu Unterricht in ihrer Erstesprache. Stattdessen mussten sie zusätzlich zum Deutschunterricht häufig Türkisch als Fremdsprache lernen. Dies hat maßgeblich dazu beigetragen, dass kurdischsprachiger Unterricht in Deutschland bis heute nahezu fehlt – was aktuell den Spracherhalt erheblich erschwert (vgl. Darici 2018). Wie Hoppe (2023) zeigt, basiert diese Marginalisierung kurdischer Sprachen auf einer tief im türkischen Bildungssystem verankerten systematischen Politik der Assimilation, bei der das Türkische als nationale Sprache in dem türkischen Bildungssystem monopolisierend eingesetzt wurde, um kurdische Sprachen zu marginalisieren und zu unterdrücken. Diese Mechanismen setzen sich über exterritoriale Strukturen wie Konsulate fort und wirken sich direkt auf die kurdische Diaspora in Deutschland aus. Der exterritoriale Status der türkischen Vertretungen in Deutschland spielt eine zentrale Rolle in der Politik der nationalen Identität der Türkei und ist ein Ausdruck türkischen Nationalismus. Durch die gezielte Verzögerung der Entlassung aus der türkischen Staatsbürgerschaft übt die Türkei Einfluss auf die

5 Die „Arbeiterpartei Kurdistans" (kurdisch: Partiya Karkerên Kurdistanê, PKK) wurde 1978 gegründet und trat ursprünglich für die Rechte der Kurd*innen in der Türkei ein, insbesondere in Bezug auf kulturelle, sprachliche und politische Selbstbestimmung. In Deutschland unterliegt die PKK seit 1993 einem Betätigungsverbot, das vor dem Hintergrund politischer Spannungen und diplomatischer Beziehungen zur Türkei verhängt wurde. Dieses Verbot und die daraus resultierenden rechtlichen Maßnahmen gegen tatsächliche oder vermeintliche Unterstützer*innen haben Auswirkungen auf die kurdische Diaspora in Deutschland und tragen zur Kriminalisierung von Kurd*innen bei (vgl. Ghaderi/Almstadt 2023, S. 9–10)

Einbürgerung von Kurd*innen in Deutschland aus, da die Betroffenen ohne diese Entlassung nicht eingebürgert werden können. Dieser Einfluss zeigt sich auch in der Ablehnung kurdischer Namen, die als „Verstoß gegen die türkischen Sitten und Gebräuche" betrachtet werden (Skubusch 2000, S. 140). Dies führt dazu, dass Eltern gezwungen sind, Namen auszuwählen, die den Vorgaben der türkischen Behörden entsprechen. Hoppe (2023) beschreibt ähnliche Assimilationsversuche in der Türkei, die darauf abzielen, kurdische Identitäten zu unterdrücken – Mechanismen, die auch im internationalen Kontext von Relevanz sein können. Hoppes Analyse der Assimilationspolitik in der Türkei verdeutlicht, dass diese Strategien nicht isoliert betrachtet werden können, sondern in einem transnationalen Kontext wirken. In Deutschland zeigt sich, dass ähnliche Mechanismen durch exterritorialen Einfluss und Antikurdischen Rassismus fortgesetzt werden. In aktuellen politischen Ereignissen wird der türkische Einfluss in Deutschland häufig auf Kosten der kurdischen Bevölkerung sichtbar, was die tief verwurzelte Politik der nationalen Identität und den damit verbundenen Nationalismus offenlegt. Dies wird durch Antikurdischen Rassismus und Diskriminierungserfahrungen in Deutschland, wie sie Ghaderi und Almstadt (2023) in ihrer Expertise beschreiben, weiter verstärkt.

*(De-)Thematisierung von Rassismuserfahrungen von Kurd*innen in der Wissenschaft*

Die große Zahl an Kurd*innen in Deutschland hat keineswegs dazu geführt, dass ihre besondere Situation beachtet wird: Sie sind von einem Rassismus betroffen, der eng mit den Ländern und Kontexten verbunden ist, aus denen sie oder ihre Vorfahren/Familien migriert sind. Dieser Rassismus wird dann in Deutschland von Menschen fortgeführt, die biografisch mit diesen Herkunftsländern verbunden sind und dort zur (irakischen, türkischen, iranischen, syrischen) Dominanzgesellschaft gehören.

Diese Vernachlässigung spiegelt sich auch in der begrenzten wissenschaftlichen Aufmerksamkeit[6] wider, obwohl seit den 1980er Jahren eine kleine Anzahl von Autor*innen zahlreiche Arbeiten verfasst hat, die unterschiedliche Perspektiven auf kurdische Erfahrungen beleuchten. Sie thematisieren unter anderem die Anwesenheit türkischen Rassismus gegenüber Kurd*innen (Blaschke/Ammann

6 Die Auswahl des Zeitraums zwischen den 1980er Jahren und 2017 reflektiert die Entwicklung rassismuskritischer Ansätze und deren Bedeutung für die Erforschung subjektiver Rassismuserfahrungen. In diesem Zeitraum wurden grundlegende theoretische Perspektiven etabliert (vgl. Essed 1991; Terkessidis 2004; Mecheril 1997), die zeigen, dass Rassismus nicht nur strukturell, sondern auch in alltäglichen Praktiken reproduziert wird. Diese Perspektiven sind zentral, um die Vernachlässigung spezifischer Gruppen wie kurdischer Schüler*innen zu verstehen, die in der bisherigen Forschung oft hinter allgemeinen Kategorien wie ‚Menschen mit Migrationshintergrund' oder ‚People of Color' unsichtbar bleiben.

1988), die Konflikte und Schwierigkeiten von Kindern und Jugendlichen mit kurdischem Hintergrund (Şenol 1992) sowie die psychosozialen Lebensrealitäten von Kurd*innen in Deutschland (Kızılhan 1995). Schmidt (2000) analysiert Interviews mit Jugendlichen zu Klischees und Stereotypisierungen über Kurd*innen, während Skubsch (2000) sich mit den Erfahrungen kurdischer Migrant*innen im Einwanderungsland Deutschland auseinandersetzt. Skubsch verweist hier zudem insbesondere auf den fehlenden muttersprachlichen Unterricht.

Schleimer betont (2015), dass es im deutschen Bildungssystem kein differenziertes Wissen über Kurd*innen gibt. Baser (2017) zeigt, wie die Kriminalisierung der PKK durch die türkische Regierung und die damit verbundene Stigmatisierung von Kurd*innen in Deutschland weitreichende Auswirkungen auf die kurdische Diaspora hatte. Wie in diesem Beitrag in einem späteren Kapitel dargestellt wird, sind solche Mechanismen auch im Bildungssystem sichtbar, in dem Kinder und Jugendliche kurdischer Herkunft von den Dynamiken dieser Stigmatisierung und Kriminalisierung betroffen sind.

Obwohl bereits wissenschaftliche Arbeiten zu Diskriminierungserfahrungen von Kurd*innen existieren und Kurd*innen seit langem Teil der deutschen Migrationsgesellschaft sind, bleiben kurdische Perspektiven in rassismuskritischen und intersektionalen Forschungen bislang weniger prominent berücksichtigt. Diese Beobachtung wirft wichtige Fragen auf: Welche strukturellen und historischen Faktoren tragen dazu bei, dass kurdische Perspektiven weiterhin marginalisiert bleiben? Und inwiefern könnten geopolitische Dynamiken, wie die antikurdische Propaganda des türkischen Staates, die Thematisierung kurdischer Erfahrungen in deutschen akademischen Kontexten beeinflussen?

2. Antikurdischer Rassismus im Bildungssystem

2.1 Unsichtbarkeit kurdischer Identität in Schulen

Im Folgenden möchte ich das Interview mit A ins Zentrum stellen und zuhören. Ich lege meinen Fokus auf die Ausschnitte, in denen A die spezifischen Mechanismen und Auswirkungen von Antikurdischem Rassismus auf den Punkt bringt. A. beschreibt hier die Erfahrung, dass Bildungsorte für kurdische Jugendliche eine Parallelwelt darstellen, die sich „nicht so reell anfühlt".

> *„Nach der Schule kam ich nach Hause, warf meinen Rucksack irgendwohin, und sah meine Eltern oft im Wohnzimmer sitzen und kurdische Sendungen im Fernsehen schauen. Am Abend schauten sie ebenfalls Fernsehsendungen über den Krieg in Kurdistan. Dabei wurde gezeigt, was in Kurdistan passierte. Obwohl meine Eltern nicht viel über den Krieg sprachen, sah und verstand ich die Ereignisse selbst. Am*

nächsten Tag ging ich wieder in die Schule. Dort herrschte eine völlig andere Welt, in der für solche Themen kein Platz war. Diese Diskrepanz ließ die Geschehnisse unwirklich erscheinen." (A).

Die alltägliche und normalisierte Erfahrung, dass es keinen Raum für ihre Erfahrungen als Kurd*innen gibt, wird in As Schilderung deutlich. As Erfahrungen können als exemplarisch für die breitere Problematik der Unsichtbarmachung kurdischer Identitäten beschrieben werden, die tief in Machtverhältnissen verankert ist.

A. verweist auf eine Diskrepanz zwischen dem kurdischen Leben in Deutschland, welches durch einen Bezug zur Unterdrückung von Kurd*innen in Kurdistan gekennzeichnet ist, und der Schule, in der diese Erfahrungen keinerlei Resonanz erfahren. Die Schule ist eine „völlig andere Welt", in der für die Themen kurdischer Jugendlicher – Krieg, die Situation in den Familien, das Leben in der Diaspora – kein Platz ist. Die Unsichtbarkeit von kurdischen Schüler*innen ist umfassend, findet aber gerade auch einen Niederschlag in einem weiteren Aspekt: der Abwesenheit von Unterricht in kurdischer Sprache. Wie viele andere internationale Sprachen spielt Kurdisch an deutschen Schulen kaum eine Rolle. Für A wiederholt sich hier das Phänomen der Parallelwelt von deutscher Schule und kurdischem Leben in Deutschland, wenn sie davon spricht, *„zu Hause* ***kurdisch*** *zu sprechen und irgendwie Schule zu gehen* ***kein Kurdisch*** *sprechen zu können" (A).* A verdeutlicht, dass die kurdische Sprache im schulischen Kontext weitgehend unbeachtet bleibt. Die Vernachlässigung der kurdischen Sprache in deutschen Schulen ist nicht isoliert zu betrachten, sondern spiegelt eine breitere Dynamik wider, die in globalen Machtverhältnissen wurzelt und durch koloniale Strukturen geprägt ist. Diese kolonialen Strukturen führen zur systematischen Unterdrückung nicht-dominanter Sprachen und Kulturen, indem sie die hegemoniale Dominanz bestimmter Gruppen und ihrer Sprachen festigen (vgl. Spivak 1988; Bourdieu 1991). Die enge Verbindung von der Entwicklung der deutschen Hochsprache und dem deutschen Nationalstaat (vgl. etwa Schulz 2011) führt traditionell zur Abwertung anderer Sprachen; Dirim (2017: S. 15) spricht hier von Linguizismus. Dadurch werden bestehende Machtverhältnisse aufrechterhalten und eine Hierarchie reproduziert, in der bestimmte Sprachen systematisch marginalisiert und als minderwertig betrachtet werden. Diese systematische Unsichtbarmachung von Kurd*innen in der Gesellschaft ist kein Zufall, sondern Ausdruck solcher systematischer Ausschlüsse. Diese Ausschlüsse als rassistisch zu identifizieren, erfordert nicht zwangsläufig den Rückgriff auf rassismuskritische oder postkoloniale Literatur. Hier könnten Konzepte von Anerkennung hilfreich sein, etwa in der existenzphilosophischen Perspektive von Axel Honneth (2003: S. 27), der Sichtbarkeit mit individueller Anerkennung verknüpft. Er beschreibt, dass „werthafte Eigenschaften" – also Merkmale oder Eigenschaften, die in einem gesellschaftlichen Kontext als positiv oder bedeutsam gelten – ausschlaggebend für soziale Interaktion und Anerkennung sind. Personen, denen keine solchen „werthaften Eigenschaften" zugeschrieben werden, bleiben unsichtbar und erfahren keine gesellschaftliche Anerkennung. Diese ‚Werthaftigkeit' ist eingebettet in eine Sichtbarkeits-Ökonomie, die sich entlang traditioneller Machtachsen manifestiert, welche global gesehen im Kolonialismus ihren Ausdruck finden. Judith Butler (2009) hat dies am Beispiel des (Be-)Trauerns verdeutlicht. Ihr zufolge bestehen deutliche Unterschiede darin, wer in einer Gesellschaft ein selbstverständliches Leben führen kann und dann auch öffentlich betrauert und erinnert wird – und wessen Leben hingegen „nur eine teilweise, verstümmelte und rätselhafte Spur" (ebd., S. 75) hinterlässt. Diese Dynamik ist auch im deutschen Bildungssystem erkennbar, wo kurdische Identitäten systematisch unsichtbar gemacht werden. Die vorherrschende globale kapitalistische politische Ordnung wertet das Leben eines Teils der Bevölkerung auf, um die materielle und ideologische Grundlage ihrer Existenz zu sichern, während sie gleichzeitig die Existenz eines anderen Teils als wertlos einstuft. Wie Mignolo (2009) hervorhebt, ist die Moderne, die oft den Fortschritt und die Verbesserung betont, untrennbar mit der Logik der Kolonialität verbunden, die durch Unterdrückung und Ausbeutung gekennzeichnet ist.

Diese Unsichtbarmachung zeigt sich nicht nur in der Vernachlässigung der kurdischen Sprache, sondern auch in der Erzeugen von (Nicht-)Wissen. Die Aushandlung dessen, was als Wissen zählt, basiert auf einer ‚systematischen Subalternisierung und Auslöschung von Wissensformen und Seinsweisen kolonisierter Bevölkerungen' (Brunner 2018, S. 29). Sriprakash et al. (2020, S. 6) weisen darauf hin, dass auch die Wissenschaft die Geschichte der Unterdrückten oft als ‚polemisch, übermäßig politisch oder peripher zu den eigentlichen Studienfächern' abtut.

2.2 Strukturelle Marginalisierung und Unsichtbarmachung kurdischer Identität im deutschen Bildungssystem

Auch A nimmt im Verlauf des Interviews immer wieder Bezug auf ihre pädagogische Erfahrungen in schulischen Kontexten in Deutschland: „*Mit einem anderen Namen angesprochen zu werden, also eigentlich ein Name, der nicht deiner ist.*" Diese Praxis der Namensverfälschung ist ein Ausdruck der spezifischen Struktur der Unsichtbarmachung und Auslöschung, die den Antikurdischen Rassismus kennzeichnet und die kurdische Identität ausradiert. Dies reproduziert letztlich die rassistischen Unsichtbarmachungserfahrungen der Vorgenerationen in den Herkunftsländern: „Whenever the Turkish state spoke of the Kurdish question, it did so without pronouncing the name of ‚Kurds'" (Yeğen 1999, S. 560). Die Verfälschung kurdischer Namen teilt zwar Gemeinsamkeiten mit der Verfälschung der Namen anderer marginalisierter Gruppen – wie Ignoranz, fehlende Sensibilität und rassistische Denkmuster. Doch darüber hinaus ist sie Ausdruck einer gezielten Politik der Entkennung und Assimilation, die tief in den Herkunftsländern der Kurd*innen verwurzelt ist. Dort wurden kurdische Namen systematisch unterdrückt, um die kurdische Identität zu leugnen und zu assimilieren. Diese Praxis setzt sich in Deutschland fort und verstärkt die Marginalisierung der kurdischen Identität auch in der Diaspora.

Hofstetter (2017, S. 7) beschreibt Schulen als „gesellschaftliche Platzanweiser" – im Kontext dieses Artikels bedeutet dies, dass Kurd*innen erfahren, dass das, worauf sie sich beziehen, in Schulen keinen Platz hat. Kurdische Jugendliche erleben, während ihre besondere und kollektive Situation in der Schule kein Thema sein kann, dass die Gewalterfahrungen in den Ländern, auf die sie sich identitätsmäßig beziehen und deren Geschichte und Entwicklungen in ihren Familien und Kontexten sehr präsent sind, in Deutschland nicht vorkommen und somit als wertlos erscheinen. Die Produktion von Nicht-Wissen und Unsichtbarmachung geht letztlich auch aus dem genuinen Feld der Schule hervor, der Wissensvermittlung: An Schulen in Deutschland wird in der Regel kein Wissen über kurdische Geschichte, Landschaften, Literaturen vermittelt.

2.3 *Kriminalisierung und Othering kurdischer Identität*

Im Interview wird auch verdeutlicht, dass im deutschen Bildungssystem Erfahrungen existieren, die auf historische Gewalt und Demütigung zurückgehen. Insbesondere für kurdische Jugendliche manifestiert sich dies oft in einer abwertenden und kriminalisierenden Gleichsetzung ihrer Identität. Dies zeigt sich beispielsweise in der wiederholten Konfrontation mit Fragen zur PKK, die nicht nur die individuelle Sicherheit gefährden, sondern auch eine tiefgreifende Wirkung auf das Selbstbild und die Zugehörigkeit zur Gesellschaft haben:

> *„Zum Beispiel, wenn ich gesagt habe, dass ich kurdisch bin, dann wurde ich sofort unter Druck gesetzt oder angefaucht, besonders im Kontext mit türkischstämmigen Personen. Man hat mich gefragt, ob ich für die PKK bin, die kurdische Arbeiterpartei. Das erste Mal, an das ich mich erinnern kann, war ich glaube ich noch in der Grundschule, etwa acht oder neun Jahre alt. Meine Eltern haben mich kritisch, aber wenig politisch erzogen, also hatte ich keine Ahnung, wer oder was die PKK ist. Ich verstand nicht, warum mir diese Frage gestellt wurde, warum das etwas Negatives sein sollte und warum die Person so aggressiv reagierte, nur weil ich sagte, dass ich aus Kurdistan komme. Das werde ich auf jeden Fall nicht vergessen." (A)*

A beschreibt, dass die einzige Form, in der eine Anerkennung als kurdische Person erfolgte, im Rahmen von Othering-Prozessen, verbunden mit kriminalisierenden Zuschreibungen stattgefunden hat (vgl. Said 1981; sowie u. a. Velho 2011). Othering umfasst den Mechanismus des Zum-Anderen-Machen: Kurdische

Identität wird als etwas Anderes bzw. als Gegenbild – Kriminelles, Böses, Terroristisches – zum Eigenen entworfen, welches in der Folge als gut, unschuldig, gerecht, gewaltfrei erscheint.

Die Erfahrungen mit Antikurdischem Rassismus an einer Schule, die nicht in der Lage war, darauf angemessen zu reagieren – insbesondere, weil die kurdische Identität mit ihrer eigenen Sprache, Geschichte und den spezifischen Migrationserfahrungen nicht berücksichtigt wurde –, führten dazu, dass sich ein Gefühl der Nicht-Zugehörigkeit entwickelte. Diese Umstände führten dazu, dass Jugendliche Teile ihrer Identität internalisierten und abwerteten. Die Tatsache, dass sie nur durch kriminalisierte und fremdbestimmte Zuschreibungen Anerkennung erfuhr – verbunden mit einer strukturellen Nicht-Anerkennung der kurdischen Identität – führte dazu, dass A Fremdmarkierungen, beispielsweise als „irakisch", akzeptierte, wie es im Zitat zu Beginn des Artikels deutlich wird.

Diese Dynamik erinnert an dem Konzept der internalisierten Unterdrückung von Valeria Batts (2005) in dem Sie beschreibt, dass marginalisierte Gruppen durch ständige Diskriminierung und fremde Zuschreibungen dazu gedrängt werden, negative Stereotype zu übernehmen und eigene Identitätsmerkmale abzuwerten. Solche Strategien entstehen häufig als Schutzmechanismus, um sich vor weiteren Anfeindungen zu schützen oder soziale Konflikte zu vermeiden. Ähnliche Mechanismen lassen sich auch im Kontext kurdischer Jugendlicher beobachten, die durch die Ignoranz ihrer Geschichte und die ständige Fehlrepräsentation im Bildungssystem vergleichbare Erfahrungen machen. Gleichzeitig repräsentiert diese Anpassung bestehende Machtstrukturen und verstärkt die Unsichtbarkeit kurdischer Identität. Dies zeigt, wie tiefgreifend diskriminierende Strukturen die Selbstwahrnehmung beeinflussen können. Die Abwertung kurdischer Identität im schulischen Kontext – verbunden mit einer Ignoranz gegenüber ihrer Geschichte und Erfahrung – führte dazu, dass A gezwungen wurde, sich selbst zu schützen, indem sie ihre Identität anpasste oder verbarg. Dies verdeutlicht die systemische Wirkung von Antikurdischem Rassismus, der nicht nur äußere, sondern auch innere Spuren hinterlässt.

Die von der Dominanzgesellschaft initiierten Identifizierungsprozesse beeinflussen direkt die Selbstwahrnehmung von Kurd*innen. Stuart Hall erläutert, wie zentral Repräsentation für die Bildung von Identitäten ist (vgl. Hall 1997). In einem Bildungssystem, das die kurdische Identität stereotypisiert und marginalisiert, werden diese Jugendlichen gezwungen, ihre Identität nicht durch die Sozialisation im deutschen Bildungssystem zu finden, sondern entgegen dieser Sozialisation. Die Rassifizierung der Kurd*innen wirkt sich auf ihre Selbstwahrnehmung aus. Ihre Rassifizierung im schulischen Kontext und die darauf folgende Stigmatisierung bringen kurdische Schüler*innen in eine Position, in der sie sich selbst schützen, beweisen und bewahren müssen.

2.4 *Nicht-Anerkennung und Unterdrückung kurdischer Identität im schulischen Kontext*

Die Erfahrungen kurdischer Schüler*innen verdeutlichen, dass Schulen keine neutralen Orte, sondern vielmehr ideologische Räume sind, in denen die dominante Kultur ihre Hegemonie über Minderheiten ausübt. In diesem Zusammenhang verweist Castro Varela (2017) auf den verfestigenden Charakter von Rassismus in Bildungsinstitutionen. Diese Strukturen tragen einerseits dazu bei, „Rassismus ganz selbstverständlich und mit wenig Irritation zu akzeptieren" (ebd.), was Fanons Analyse der Kolonialmachtstrukturen bestätigt. Andererseits geht es innerhalb einer rassistischen Ordnung darum, „den zugewiesenen Platz in der Gesellschaft als den wahren und damit einzig richtigen wahrzunehmen und einzunehmen" (ebd.). Diese Mechanismen erinnern an Stuart Halls Überlegungen zur Repräsentation und ihrer Rolle bei der Identitätsbildung. So wird im schulischen Kontext die aus den Herkunftsländern stammende Erfahrung der Unterdrückung und Nicht-Anerkennung fortgesetzt. Die Nicht- bzw. Fehlrepräsentation kurdischer Schüler*innen spiegelt sich letztlich in der Nicht-Anerkennung Kurdistans wider, was A treffend zusammenfasst:

> *„Kurdistan als Herkunftsregion wird nicht anerkannt. Es ist eine Kontinuität der Unterdrückung, die sich von Kurdistan bis hierher nach Europa, ähm, nach Deutschland zieht. Das bedeutet, dass es eine Unterdrückung ist, nicht anerkannt zu werden. Es geht nicht nur um Anerkennung, es geht um Wertschätzung." (A)*

3. Bedarfe, Wünsche und Veränderungsperspektive: Die Rolle von Pädagogik im Umgang mit Antikurdischem Rassismus

3.1 *Problemverständnis und Bedarfe*

Schulen scheinen nicht in der Lage zu sein, die spezifischen Erfahrungen von Kurd*innen aufzufangen: Im deutschen Bildungssystem und bei den Lehrpersonen fehlt es nicht nur an Wissen über die Geschichte und Lebenssituation von Kurd*innen, sondern auch an Wissen zu den Auswirkungen dieser Erfahrungen. Dies hängt nicht zuletzt damit zusammen, dass ein differenzierter Rassismusbegriff in Bildungsinstitutionen fehlt. Rassismus wird zumeist von der Dominanzgesellschaft gedacht: Die weiße Dominanzgesellschaft übt Rassismus aus, und dem gegenüber stehen People of Color (PoC), die von Rassismus betroffen sind. Diese Dichotomie ist ein wichtiges Gedankenkonstrukt, um zu verstehen, wie wirkmächtig Rassismus in der Gesellschaft ist. Wird es jedoch zu leichtfertig über eine sehr ausdifferenzierte Gesellschaft gelegt, bringt es komplexere gesellschaftliche Lagen zum Verschwinden – z. B. die besondere Situation von

Kurd*innen. Dies hat auch Konsequenzen für die pädagogische Haltung. Im Umgang mit Situationen, in denen z. B. türkische, arabische, syrische oder persische Jugendliche, die selbst rassistische Diskriminierungserfahrungen gemacht haben, Diskriminierungen gegen Kurd*innen ausüben, zeigt sich, dass die meist weiß-deutschen Fachpersonen oft feststellen, dass die vorhandenen Wissensbudgets mit den vorherrschenden dichotomen Täter-Opfer-Konstruktionen zu kurz greifen. Zugleich fehlt es den transnationalen Wissenspraktiken an intersektionalen Reflexions- und Handlungskompetenzen, die den von Rassismus betroffenen Jugendlichen einen Rahmen bieten könnten, nicht auf ihre ‚Opferposition' festgelegt zu werden, sondern auch ihre Machtposition zu erkennen und sich gegen Rassismus zu wehren. Diese Reflexionsmöglichkeiten werden auch von der ansonsten sehr hilfreichen Kategorisierung PoC eingeschränkt, da es für die Dynamik zwischen unterschiedlichen, gegenüber der Dominanzgesellschaft allesamt von Rassismus betroffenen Gruppen wenig Sinn ergibt, dass triviale oder unterkomplexe Auslegungen des PoC Begriffes die Konstruktion einer homogenen Gruppe begünstigen.

3.2 Wünsche und Veränderungsperspektive

Ein wichtiger Baustein, um einer Homogenisierung entgegenzuwirken, ist ein differenziertes Wissen über die Geschichte Kurdistans und der Kurd*innen, über lokale Bedingungen, lokale Akteur*innen, Geschichte und ökonomische Strukturen; nur so können auch die jeweiligen rassistischen Strukturen aufgespürt werden. Wie Kurt und Özok-Gündoğan (2024) betonen, ermöglicht ein solches differenziertes Wissen die Entlarvung und Dekonstruktion von kolonialen und rassistischen Annahmen, die in vielen historischen Darstellungen von Kurdistan fortbestehen. Dieses Wissen schafft die Grundlage, um die subtilen und oft unsichtbaren Machtstrukturen zu erkennen, die durch vereinfachte und homogenisierende Narrative unterstützt werden.

Ein solches Wissen allein reicht jedoch nicht aus. Dieses Wissen muss in die pädagogische Praxis integriert werden und durch eine kritischen Auseinandersetzung mit den institutionellen Strukturen der Bildungsinstitutionen ergänzt werden, um die Sensibilität der Lehrpersonen zu steigern und ihnen zu ermöglichen, rassismuskritisch zu handeln. A problematisiert in diesem Zusammenhang die fehlende Sensibilität und das fehlende Wissen von Lehrpersonen und markiert den Bedarf an einer umfassenden Sensibilisierung:

> *„Also, pädagogisch gesehen, gerade in den ersten Schuljahren, besteht ein hoher Bedarf an Pädagogik, damit Lehrer von Anfang an präsent sind. Diese Jahre sind sehr prägend und vulnerabel." (A)*

A verweist hier auf die Erfahrung und das Wissen über die Vulnerabilität von Kindern und Jugendlichen. Sie hat selbst keinen Schutz vor Gewalt durch strukturellen Antikurdischen Rassismus erlebt und verweist darauf, dass es notwendig die Aufgabe von Schule und Pädagogik ist, diesen Schutz zu gewährleisten. Eine zentrale Voraussetzung hierfür ist die Förderung kurdischer Repräsentationen an Schulen. Dies erfordert, dass die kurdische Identität der Schüler*innen als wertvolle Ressource anerkannt und ernst genommen wird. Auch A betrachtet dies als einen wichtigen Aspekt:

> *„Mhm… Ich glaube, das ist eher so, genau wie ich vorhin angedeutet habe. Also, was mir geholfen hat oder was ich glaube, anderen Personen einfach geholfen hat, ist einfach die Identität oder ein Teil der Identität. Das ist eben ein wichtiger Faktor, auch gegen Perspektivlosigkeit zum Beispiel. Insgesamt ist es wichtig für die Entwicklung von Kindern und Jugendlichen. Genau, ich glaube, das ist auf jeden Fall, das ist mindestens in den ersten Schuljahren, das ist auf jeden Fall ein starker Handlungsbedarf, um Gewalt und Unterdrückung innerhalb des Bildungssystems anzugehen. Und ja, dagegen muss irgendwie vorgegangen werden.“ (A)*

Im Kontext der Erfahrungen von Nicht-Zugehörigkeit, Nicht-Anerkennung und der Verunmöglichung kurdischer Identität fordert A eine stärkere Repräsentation in Bildungseinrichtungen. Diese Forderung kann im Licht von Gayatri Spivaks Konzept des strategischen Essenzialismus (Spivak 1988) verstanden werden. A betont die Notwendigkeit, dass vielfältige Identitäten in Bildungseinrichtungen Resonanz finden, um gegen die Perspektivlosigkeit und die systematische Unterdrückung vorzugehen, denen kurdische Kinder und Jugendliche ausgesetzt sind. Indem A die Bedeutung kurdischer Identitätsdimensionen für die Bildungsbiografien betont, lässt sich dies im Sinne eines strategischen Essenzialismus als bewusste, temporäre Positionierung verstehen. Diese zielt darauf, die systematische Unsichtbarmachung und die spezifischen Ausschlusserfahrungen kurdischer Schüler*innen zu adressieren und ihnen pädagogische Resonanzräume zu eröffnen. Diese Betonung auf Identität ist jedoch ambivalent und birgt die Gefahr, dass starrere Identitätskonstruktionen entstehen, die es gilt, reflektiert zu betrachten. Spivak (1988) weist darauf hin, dass solche temporären Identitätskonstruktionen notwendig sind, um politische und soziale Ziele zu erreichen. Gleichzeitig warnt sie jedoch davor, diese Konstruktionen zu fixieren, da dies zu einer Verfestigung von Identitätskategorien führen könnte, die letztlich neue Formen der Ausgrenzung hervorbringen. Daher ist es entscheidend, einen Rahmen zu schaffen, der die Geschichte, Repräsentation und das Wissen kurdischer Schüler*innen aktiv einbezieht, insbesondere da sie keine schriftliche Geschichte[7] haben und sowohl institutioneller, struktureller als auch individueller Diskriminierung ausgesetzt sind. Ein solcher Rahmen ist unerlässlich für eine differenzierte Rassismustheorie und eine kritische Erziehungswissenschaft, die die dynamische Natur von Identität anerkennt und fördert. Dies ermöglicht es, die notwendige Sichtbarkeit und Anerkennung zu schaffen, ohne ihre dynamische Identität zu verfestigen. All diese Leerstellen und Unsichtbarmachungen bedeuten das Gegenteil von dem, was nötig ist, damit kurdische Jugendliche in Bildungsinstitutionen – und darüber hinaus in der Gesellschaft – einen selbstverständlichen Platz finden können. Göner (2016, S. 254) hebt hervor, dass die gewaltvollen Erfahrungen von Krieg, Verfolgung und Massakern transgenerationale Traumata darstellen, die eine zentrale Rolle in der Identitätsbildung junger Kurd*innen spielen. Angesichts dieser Herausforderungen ist es unabdingbar, dass Schulen nicht nur diese Erfahrungen anerkennen, sondern aktiv in den Bildungsprozess integrieren. Kleinschmidt (2021, S. 304) hebt hervor, dass ‚Geteilte Geschichte(n) in einer postkolonialen Welt' eine zentrale Rolle spielen, um koloniale Machtverhältnisse zu reflektieren und marginalisierte Perspektiven sichtbar zu machen. Dies unterstreicht die Notwendigkeit, kurdische Geschichte und Erfahrungen in Bildungsprozesse zu integrieren. Dies erfordert, dass diejenigen gehört und gesehen werden, deren Stimmen bisher unsichtbar blieben.

4. Ausblick

Abschließend lässt sich mit Sriprakash et al. (2020) weiter argumentieren, dass es wichtig ist, die Geschichte und ihre anhaltenden Auswirkungen auf die Gegenwart zu verstehen. Laut Sriprakash können kritische Ansätze zur Geschichte ein generativer Prozess sein, um sich eine Zukunft vorzustellen, die eher wiedergutmachend als reproduzierend für vergangene und gegenwärtige Ungerechtigkeiten ist, und sie schlagen vor, dass „(…) Bildung eine notwendige Voraussetzung für wiedergutmachende Maßnahmen ist" (S. 6). Dies umfasst kollektive Praktiken, die sich der Erkundung verschiedener historischer Narrative widmen und Einzelpersonen befähigen, ihre Geschichten mitzuteilen und zu gestalten, während sie gleichzeitig etablierte historische Darstellungen kritisch hinterfragen (Pente et al. 2015, S. 234–248).

7 Die kurdische Geschichte wurde historisch selten verschriftlicht und bleibt überwiegend in mündlichen Erzählungen präsent. Diese Erinnerungen leben in fragmentierten Geschichten, Liedern, Tattoos und mündlichen Überlieferungen weiter. Diese Form der Geschichtstransmission ist eng mit kolonialen und staatlichen Machtstrukturen verbunden, die darauf abzielen, alternative Narrative und Identitäten zu marginalisieren und zu unterdrücken (vgl. Göner 2016, S. 229–243).

Solange die systematische Invisibilisierung und die Missachtung verschiedener Narrative fortbestehen, wird das Potenzial der kritischen Rassismustheorie und der dekolonisierenden Bildung nicht ausgeschöpft. Die Einbeziehung des historischen Wissens über kurdische Gemeinschaften, deren Kampf im türkischen, irakischen, iranischen, syrischen sowie im deutschen Bildungssystem unterdrückt wurde, unterstreicht die Notwendigkeit eines Dialogs zwischen Menschen, deren Positionierungen und Erfahrungen komplex sind, die klassische Täter-Opfer-Dichotomien transzendieren und die einer globalen und historischen Kontextualisierung bedürfen. In der pädagogischen Arbeit sind eine dekoloniale Intervention und die Erweiterung des rassismuskritischen Wissens Voraussetzung. Diese sind nicht nur notwendig, um in pädagogischen Situationen, die durch komplexe Unterdrückungsstrukturen gekennzeichnet sind, bequeme, vereinfachende Antworten zu vermeiden, sondern auch, um den Erfahrungen der Subjekte gerecht zu werden. Darüber hinaus sind sie entscheidend, um die Wiederholung der täglich erlebten strukturellen Gewalt zu verringern.

Literatur

Ammann, Birgit/Blaschke, Jochen (1998). „Kurden in der Bundesrepublik Deutschland: Ihre soziale und kulturelle Situation." In Kurden: Alltag und Widerstand, edited by Leyla Mönch-Bucak, 90–98. Rehadat Literatur, BRD Sammelwerksbeitrag.

Bourdieu, Pierre; Passeron, Jean-Claude (1971). Die Illusion der Chancengleichheit: Studien zur Soziologie der Bildung in Frankreich.

Butler, Judith (2009). Frames of War: When Is Life Grievable? London: Verso, S. 75.

Darici, Günay. 2018. „Ein langer und steiniger Weg." GEW-Berlin. https://www.gew-berlin.de/aktuelles/detailseite/ein-langer-und-steiniger-weg.

Dirim, Inci (2017). Linguizismus und linguizismuskritische pädagogische Professionalität, Slowakische Zeitschrift für Germanistik 9(1), S. 7–17; https://wp.sung.sk/wp-content/uploads/2020/07/SZfG_2017_1_7.pdf.

Essed, Philomena (1994). Understanding everyday racism. An interdisciplinary theory. Newbury Park, Calif.: Sage Publications.

Fanon, Frantz (1996/*1952*). Black Skin, White Masks. Translated by Charles Lam Markmann. London: Pluto Press.

Ghaderi, Çinur/Almstadt, Esther (2023): Expertise Kurden in Deutschland, hgg. vom Mediendienst Integration; https://mediendienst-integration.de/fileadmin/Dateien/MEDIENDIENST_Expertise_Kurden_in_Deutschland.pdf.

Göner, Özlem (2016). Histories of 1938 in Turkey. International Review of Qualitative Research, 9(2), 228–260. https://doi.org/10.1525/irqr.2016.9.2.228.

Hall, Stuart (1996). „Cultural Identity and Diaspora". In: Hall, Stuart und Paul du Gay (Hrsg.): Questions of Cultural Identity. London: Sage, S. 51–59.

Hall, Stuart (2003). Kulturelle Identität und Diaspora. In: Braziel, J. E.; Mannur, A. (eds). Theorising diaspora: A reader (233–247). Malden, MA: Blackwell Pub.

Hofstetter, Daniel (2017). Die schulische Selektion als soziale Praxis. Aushandlungen von Bildungsentscheidungen beim Übergang von der Primarschule in die Sekundarstufe I, Weinheim/Basel: Beltz.

Honneth, Axel (2003). Unsichtbarkeit. Stationen einer Theorie der Intersubjektivität. Frankfurt am Main: Suhrkamp.

Hoppe, Marie (2023). Subjektwerden unter Bedingungen von outsiderness. Subjektivierungstheoretische Lesarten kurdischer Schulbildungsbiographien in der Türkei. Opladen: Budrich Academic Press. Verfügbar unter: https://www.pedocs.de/volltexte/2023/26976/pdf/Hoppe_2023_Subjektwerden_unter_Bedingungen.pdf (Zugriff am 15. Juli 2024).

Kızılhan, Ilhan (1995). Der Sturz nach oben: Kurden in Deutschland: Eine psychologische Studie. Frankfurt am Main: Medico International.

Kleinschmidt, Malte (2021). Dekoloniale politische Bildung: Eine empirische Untersuchung von Lernendenvorstellungen zum postkolonialen Erbe. Bürgerbewusstsein. Wiesbaden: Springer VS. DOI: 10.1007/978-3-658-34115-2.

Kurt, Mashuq/Özok-Gündoğan, Nilay (2024). The Decolonial Turn in Kurdish Studies: An Introduction. South Atlantic Quarterly, 123(4), 655–664. https://doi.org/10.1215/00382876-11381065

Mignolo, Walter D. (2009). Epistemischer Ungehorsam, unabhängiges Denken und dekoloniale Freiheit. Theory, Culture & Society, 26(7–8), 159–181. https://doi.org/10.1177/0263276409349275

Sriprakash, Arathi/Nally, David/Myers, Kevin/Ramos-Pinto, Pedro (2023). Learning with the past: Rassismus, Bildung und reparative Zukünfte. Decolonising Education for Sustainable Futures, 182–198. https://doi.org/10.56687/9781529226119-016

Pente, Elizabeth/Paul Ward/Milton Brown/Haardep Sahota (2015). "The Co-production of Historical Knowledge: Implications for the History of Identities." Identity Papers: A Journal of British and Irish Studies 1, no. 1: 32–53. https://doi.org/10.5920/idp.2015.1132.

Said, Edward W. (1981). Orientalismus. Frankfurt am Main: Ullstein.

Schleimer, Simon M. (2015). Transnationale Kindheit und Jugend: Die Remigration kurdischer Jugendlicher in den Nordirak. Gießen: Psychosozial-Verlag.

Schulz, Nils Hinnerk (2011). Sprache als Werkzeug im nationbuilding: Die sprachnationalistischen Bewegungen Norwegens und Kataloniens in der zweiten Hälfte des 19. Jahrhunderts, Zeitschrift für Katalinistik 24(1), S. 257–292; https://romanistik.uni-freiburg.de/pusch/zfk/24/17_Schulz.pdf.

Şenol, Şengul (1992). Kurden in Deutschland: Fremde unter Fremden. Frankfurt am Main:. Haag and Herchen.

Skubsch, Sabine (2000). „Kurdische Migrantinnen und Migranten im Einwanderungsland Deutschland. Wie werden sie von der Pädagogik und Bildungspolitik wahrgenommen?“ December 15. PhD diss., University of Duisburg-Essen. http://duepublico.uni-duisburg-essen.de/go/dissOnline/fb02/2000/skubsch.sabine.

Spivak, Gayatri Chakravorty (2008). Can the Subaltern Speak? Edited by Hito Steyerl. Vienna: Turia and Kant.

Terkessidis, Mark (2004). Die Banalität des Rassismus: Migranten zweiter Generation entwickeln eine neue Perspektive. Bielefeld: transcript.

Yeğen, Mesut (1999). The Kurdish Question in Turkish State Discourse. Journal of Contemporary History, 34(4), 555–568.

Velho, Astride (2011). „Un/Tiefen der Macht: Auswirkungen von Rassismuserfahrungen auf die Gesundheit, das Befinden und die Subjektivität: Ansätze für eine reflexive Berufspraxis.“ In Landeshauptstadt München, Direktorium, Antidiskriminierungsstelle für Menschen mit Migrationshintergrund AMIGRA (Hrsg.): Alltagsrassismus und rassistische Diskriminierung: Auswirkungen auf die psychische und körperliche Gesundheit. Dokumentation der Fachtagung vom 12.10.2010, 12–39. N.p.

Antikurdischer Rassismus: Intersektionalitäten und Desolidarisierungsprozesse

Münevver Azizoğlu-Bazan und Emra Ilgün-Birhimeoğlu

Einleitung

Bei den geschätzt 800.000 bis 1,3 Mio. kurdischstämmigen Personen in Deutschland (Engin 2019; Ghaderi/Almstadt 2023) handelt es sich um eine Gruppe, die sich stark nach Faktoren wie Religion, Sprache, Herkunftsländer, politische Orientierungen sowie durch sozio-ökonomische und migrationsrelevante Faktoren wie Aufenthaltsdauer, Aufenthaltsstatus, Bildungshintergrund und Geschlecht unterscheidet. Es handelt sich dabei um eine Gruppe, welche von Antikurdischem Rassismus betroffen ist. Antikurdischer Rassismus als soziale Ordnung schließt intersektional mit unterschiedlichen Diskriminierungspraktiken und Rassismen an diese Diversität an und sorgt in der Folge für Desolidarisierungsprozesse innerhalb der Gruppe sowie ungleiche Repräsentationen im öffentlichen Raum.

In diesem Zusammenhang wird im vorliegenden Beitrag auf empirischen und theoretischen Überlegungen basierend folgende **These** diskutiert: Die innerhalb der kurdischen Community zu beobachtenden Desolidarisierungsprozesse entstehen nicht von selbst aus der kurdischen Community heraus. Vielmehr werden sie durch bestehende Machtungleichheiten, denen diverse Gruppen innerhalb dieser Gemeinschaft unterschiedlich stark unterworfen sind, aufgrund außenpolitischer sowie wirtschaftlicher Interessen Deutschlands produziert und verstärkt. Mehrheiten innerhalb der kurdischen Community werden nicht automatisch deutlicher gehört und repräsentiert.

Der Beitrag setzt sich daher mit der Frage auseinander, wie sich ein historisch gewachsener, strukturell bestehender Antikurdischer Rassismus, verstärkt durch koloniale Kontinuitäten, auf verschiedenen Ebenen intersektional in Deutschland darstellt und inwiefern dadurch Desolidarisierungsprozesse zwischen Menschen kurdischer Herkunft initiiert und verstärkt werden. Diese kolonialen Kontinuitäten manifestieren sich in der Art und Weise, wie die deutsche Gesellschaft und der Staat verschiedene kurdische Positionen wahrnehmen und behandeln – oft durch eine Linse, die tief in kolonialen Machtstrukturen verwurzelt ist. Dies spiegelt sich in der selektiven Wahrnehmung und Unterstützung bestimmter kurdischer Gruppen wider, während andere marginalisiert werden, was wiederum bestehende Spaltungen innerhalb der kurdischen Community verstärkt. Der Beitrag untersucht daher, wie dieses koloniale Erbe des Rassismus durch seine Anschlussfähigkeit an die Diversität der kurdischen Community zu komplexen, intersektionalen Diskriminierungserfahrungen führen und welche Rolle diese Dynamiken bei der Entstehung und Verstärkung von Desolidarisierungsprozessen spielen.

Zur Untersuchung dieser Frage gehen wir exemplarisch vor, da wir mit dem Beitrag einige, grundlegende Gedanken formulieren möchten, die in weiteren zukünftigen Beiträgen und Untersuchungen breiter vertieft werden können. Dafür wird zunächst die kurdische Migration insbesondere nach und in Deutschland beleuchtet. Hier werden Sprachen, Herkunftsländer, Religionen und Organisationen knapp dargestellt. Anschließend wird Antikurdischer Rassismus zusammenfassend erläutert sowie die dem Beitrag zugrundeliegende These im Hinblick auf ihre intersektionalen Aspekte diskutiert. Abschließend werden im Ausblick Handlungsanforderungen und Perspektiven formuliert.

1. Kurdische Migrationsbewegungen

Seit mehreren hundert Jahren hat neben der Binnenmigration die Wanderung über Reichs- und Staatsgrenzen hinaus die kurdischen Gemeinschaften stark beeinflusst. Die Wanderungsgründe liegen in der Unterdrückung und Verleugnung ihrer nationalen, religiösen und kulturellen Identität, massiver Verfolgung, Vertreibung und Menschenrechtsverletzungen, schlechten ökonomischen Bedingungen sowie der Zerstörung ihrer Lebensräume (Başer 2019, S. 179; Engin 2019, S. 5). Kurd*innen sind nicht nur aufgrund ihrer ethnischen Identität, sondern auch aufgrund ihrer religiösen (alevitischen und êzidischen, sowie sunnitischen – im Iran –) Identitäten zur Migration gezwungen (Sökefeld 2014; Tagay/Ortaç 2016; Ağuiçenoğlu 2019). Vor diesem Hintergrund entstanden international diasporische kurdische Gemeinschaften, die im Kontext von Zerstörung des Heimatlandes und Staatenlosigkeit einen besonderen Stellenwert aufweisen (Eliassi 2021, S. 848).

Eine große Schwierigkeit für eine empirische sowie politische Betrachtung kurdischer Lebenslagen besteht darin, dass in Studien zur grenzüberschreitenden Migration gesicherte **Statistiken** über die Anzahl der im West-Europa lebenden Kurd*innen fehlen. Hauptsächlich liegt das daran, dass Kurd*innen in Aufnahmeländern nach ihrer ausgewiesenen Staatsangehörigkeit (Türkei, Iran, Irak und Syrien) registriert werden und nicht nach ihrer ethnischen Zugehörigkeit. Dies erschwert die soziale und politische Sichtbarkeit der kurdischen Gemeinschaften. Die fehlenden Daten führen zu Informationslücken zu unterschiedlichen und komplexen diasporischen Lebensbedingungen und Identitäten von Kurd*innen, sowie im Hinblick auf soziale und politische Partizipation und Gleichberechtigung.

Die zahlenmäßig größte, kurdische diasporische Gruppe innerhalb der kurdischen Communities im West-Europa findet sich in Deutschland (Engin 2019; Ghaderi/Almstadt 2023). Hier bildeten sich sehr heterogene Communities, die zu verschiedenen Zeiten aus unterschiedlichen Gründen nach Deutschland migrierten. Nahezu 85 % aller kurdischstämmigen Personen stammen aus den kurdischen Regionen der Türkei (Hashemi 2014; Eliassi 2021)[1].

Unter Berücksichtigung der Anfragen, die zu unterschiedlichen Zeiten von Parlamentarier*innen, Wissenschaftler*innen und kurdischen Organisationen an die Bundesregierung (2000, 2011, 2019) und das BAMF (2016, 2018) gestellt wurden sowie der Aussagen einzelner Studien, wird davon ausgegangen, dass in Deutschland zwischen 800.000 und 1,3 Millionen Kurd*innen leben (Engin 2019, 2020; Ghaderi/Almstadt 2023). Neben Schätzungen finden auch offizielle Daten zu Asylanträgen von Kurd*innen aus Syrien, dem Irak, dem Iran und der Türkei, die seit 2014 in Deutschland gestellt wurden, Berücksichtigung. Demnach wurde seit 2014 in 330.000 (Pürckhauer 2019) gestellten Asylanträgen „kurdisch" als ethnische Zugehörigkeit angegeben. Aktuelle Zahlen vom BAMF zu Asylanträgen zufolge haben sich im Jahr 2023 ungefähr 75.000 Kurd*innen aus Syrien und der Türkei in Deutschland um Asyl beworben (BAMF 2024).[2] Die Zahlen beruhen auf freiwilligen Angaben von Asylbeantragenden. Den Angaben zufolge bilden Kurd*innen eine der größten migrantisierten Communities.

Die Migration der Kurd*innen nach Deutschland hat eine über hundertjährige **Geschichte**. Aktuelle Publikationen unterteilen die kurdische Einwanderung nach Europa und insbesondere nach Deutschland in vier bis fünf Phasen (Engin 2019, 2020; Eliassi 2021). Sie beginnt mit einer freiwilligen Migration nach Deutschland zu Studienzwecken auf der Basis diplomatischer Beziehungen (1919), zu semi-freiwilligen Migrationsbewegungen als Arbeitsmigrant*innen während der 1960er und 1970er Jahre, dann im Rahmen des Familiennachzuges, bis hin zum überwiegend unfreiwilligen Exil aufgrund von Menschenrechtsverletzungen, politischer Verfolgung, Genoziden und Kriegen ab den 1980er Jahren.

Die **Organisierung** der Kurd*innen in Deutschland blickt auf eine lange Geschichte zurück. Bereits 1956 gründeten kurdische Studierende die KSSE (Kurdish Students Society in Europe) als erste politische Vertretung der kurdischen

---

1 Diese ist jedoch angesichts der großen Migrationsbewegungen von Kurd*innen aus Syrien und dem Irak nach Deutschland seit 2014 umstritten.

2 Laut dem Bericht des BAMF (2024) haben im Jahr 2023 insgesamt 102.930 syrische Staatsbürger*innen Asyl beantragt, von denen sich 21,8 % als Kurd*innen identifiziert haben. Von den 61.181 Antragstellenden aus der Türkei gaben 84,0 % an, kurdischer Herkunft zu sein. Darüber hinaus haben sich 1,5 % der insgesamt 329.120 Asylsuchenden als Êzid*innen identifiziert (BAMF 2024, S. 22 f.).

Gemeinschaft in Deutschland bzw. der Diaspora (Amman 2001, S. 119). Die Landschaft der kurdischen Organisationen in Deutschland ist vielfältig und spiegelt die komplexen und vielschichtigen Prozesse der kurdischen Migration und der Diaspora wider. Diese Organisationen sind in verschiedenen Bereichen wie Politik, Kultur, Sprache, Menschenrechte und soziale Unterstützung aktiv und spielten eine wichtige Rolle bei der Bewahrung und Entwicklung einer gemeinsamen politischen kurdischen Identität sowie bei der Mobilisierung für kurdische Fragestellungen oder Anliegen. Seit den 1960er Jahren, insbesondere im Zuge der Arbeitsmigration aus der Türkei, formierten sich kurdische Gruppen und Organisationen in Deutschland (Şenol 1992; Amman 2001). Neben der Feier kurdischer Nationalfeiertage wie Newroz und der Organisation kultureller Veranstaltungen übernahmen diese Gruppen eine entscheidende Rolle dabei, die kurdische Frage auf die internationale Bühne zu bringen. Sie machten systematisch auf Menschenrechtsverletzungen in Kurdistan aufmerksam und dadurch das Thema transnational sichtbar. In den letzten fünfzig Jahren artikulierten und festigten Kurd*innen in der Diaspora ihre Forderungen zunehmend durch die Schaffung und Institutionalisierung einer Vielzahl von Organisationen und Vereinen. Diese Organisationen dienen als Plattformen für politische Mobilisierung, kulturelle Identitätsbildung und soziale Unterstützung innerhalb der kurdischen Gemeinschaft. Darüber hinaus folgen verschiedene kurdische Organisationen sehr diversen politischen bzw. ideologischen Strategien, um ihre Forderungen, insbesondere im Hinblick auf die kurdische Frage und Kolonialisierungspolitiken, zu artikulieren. Dabei versuchen sie, ihre Anhängerschaft in Deutschland zu mobilisieren und in die politische Arbeit zu integrieren. Diese vielfältige Landschaft der kurdischen Organisationen ist jedoch nicht widerspruchsfrei.

Bahar Başer zeichnet auf der Grundlage von Feldbeobachtungen in Deutschland nach, dass sich die Rivalität zwischen verschiedenen politischen Gruppen in Kurdistan auch in der Diaspora manifestiert. So besuchten etwa kurdische Diaspora-Organisationen, die unterschiedliche Interessen und Parteien unterstützen, keine Veranstaltungen von kurdisch-politischen Kontrahent*innen oder nähmen nicht an Feiern der jeweils anderen Gruppe teil. Sie erwähnt dabei die heftigen gewaltsamen Auseinandersetzungen in den 1980er und 1990er Jahren (Başer 2019, S. 191). Allerdings ist es kurdischen Parteien und Gruppen in den letzten Jahren gelungen, sich gegen die Unterdrückung und Massaker an Kurd*innen in ihren Herkunftsländern in der Diaspora zusammenzuschließen. Kurd*innen aus verschiedenen Regionen, und unterschiedlicher Religionen, Weltanschauungen beteiligten sich an den Aktionen gegen die Massaker gegen Êzid*innen durch den sogenannten IS im Jahr 2014, gegen den Angriff des türkischen Staats in Rojava (Westkurdistan, Region im Norden von Syrien), aber auch gegen die Ermordung von drei Aktivistinnen in Paris im Jahr 2013 und drei weiteren Aktivist*innen im Jahr 2023 (Azizoğlu-Bazan i.V.).

Angehörige der kurdischen Community sind sehr heterogen. So sind in Kurdistan und folglich auch in der kurdischen Community in Deutschland unterschiedliche **Religionen**, Sprachen, Dialekte und Kulturen vertreten. Die meisten Kurd*innen gehören verschiedenen Glaubensrichtungen an, darunter dem Alevitentum, dem Êzidentum sowie dem sunnitischen Islam, insbesondere nach der schafiitischen Rechtsschule. Eine sicher nicht unbedeutende Zahl wird sich auch von der Religion und dem Glauben distanziert haben, hierzu fehlen uns allerdings verlässliche Zahlen. Während Kurmancî der am weitesten verbreitete Dialekt der kurdischen **Sprache** ist, existieren innerhalb der kurdischen Community weitere bedeutende Dialekte wie Kirmanckî (Dimilkî), Hewramî und Soranî (Derince 2020, S. 12).

2. Intersektionalitäten und Desolidarisierungsprozesse

Wie oben beschrieben wird aufbauend auf der Beschreibung der kurdischen Migrationsbewegungen nun diskutiert, worin die Ursachen für die innerhalb der kurdischen Community zu beobachtenden Desolidarisierungsprozesse zu verorten sind. Die zu prüfende These ist, dass diese durch bestehende Machtungleichheiten, denen diverse Gruppen innerhalb dieser Gemeinschaft unterschiedlich stark unterworfen sind, aufgrund außenpolitischer sowie wirtschaftlicher Interessen Deutschlands produziert und verstärkt werden. Machtungleichheiten, welche sich aus unterschiedlichen Markierungen und Positionierungen ergeben, übertragen sich auf die unterschiedlichen Gruppen innerhalb der kurdischen Community und schwächen die Solidarisierung zu gemeinsamen politischen Anliegen. Anstatt gemeinsam gegen einen Antikurdischen Rassismus zu kämpfen, führen interne Konflikte und Machtkämpfe oft zu einer Fragmentierung der kurdischen Gemeinschaft. Diese spezifischen Diskriminierungspraktiken können als intersektionale Fragmentierungen begriffen werden.

Zahlreiche Forschungslinien analysieren isoliert einzelne Ungleichheitsdimensionen (zur Kritik vgl. Winker/Degele 2007, S. 3; dies. 2009, S. 25 ff.). Im Gegensatz dazu untersuchen intersektionalitätstheoretische Konzepte Dimensionen sozialer Ungleichheit in ihrem Zusammenspiel. Hintergrund ist, dass unterschiedliche Macht- und Herrschaftsverhältnisse in ihrer Verwobenheit und Wechselwirkung betrachtet werden (Walgenbach 2017, S. 55; Winker/Degele 2010, S. 14). Im vorliegenden Beitrag werden unterschiedliche Rassismen in ihrer Intersektionalität betrachtet. So kann nicht von dem einen Rassismus in Bezug auf die Vergangenheit und aktuell gesprochen werden. Rassismus verändert sich im Laufe der Zeit, ist dynamisch und wird stetig angepasst, so dass in Anlehnung an Stuart Hall (2000) von historisch-spezifischen Rassismen ausgegangen wird. Von Relevanz sind neben dem ethnisch ausgerichteten Antikurdischen Rassismus religiös orientierte Rassismen, die sich gegen Êzid*innen, Alevit*innen und

Muslim*innen richten. Diese Intersektionalitäten sollen beispielhaft an politischen Ereignissen exemplarisch verdeutlicht werden.

Eingeführt wurde das Konzept des Antikurdischen Rassismus in Deutschland bzw. in der Migrationsgesellschaft in erster Linie durch politische Aktivist*innen und kurdische Medien nach dem rassistischen Angriff in Hanau (Unvar 2020; Jasim 2020; Politik Art 2020). Die wissenschaftliche Auseinandersetzung mit Antikurdischem Rassismus als Diskriminierungspraxis ist vergleichsweise jung. Inzwischen gibt es vereinzelt Forschungsarbeiten, Fachtagungen und Konferenzen zu diesem Thema. In aktuellen Debatten zu Antikurdischem Rassismus werden Themen wie innermigrantischer Rassismus (u. a. Amadeu Antonio Stiftung/Kurd-Akad 2024), insbesondere der von türkischen, rechtsextremistischen Verbänden wie etwa den Grauen Wölfen gegenüber Kurd*innen, ebenso diskutiert wie die politische, wirtschaftliche und historische Beziehung Deutschlands zu Herkunftsländern – insbesondere zur Türkei – in denen Kurd*innen leben (u. a. Ghaderi 2022). Diese Verbindungen prägen nicht nur die Wahrnehmung, sondern auch die Politik Deutschlands gegenüber kurdischen Gemeinschaften. Antikurdischer Rassismus wirkt sowohl auf struktureller als auch auf institutioneller sowie individueller Ebene und geht über den klassischen Rassismus hinaus (Unvar 2020; Jasim 2020). Er äußert sich auf strukturell-institutioneller Ebene, wenn beispielweise Sprachstandserhebungen für Kinder mit angenommener türkischer Herkunft in türkischer Sprache durchgeführt werden, obschon die Familiensprache der Kinder kurdisch und nicht türkisch ist. Er äußert sich auf individueller Ebene darin, dass kurdischstämmige Personen in bestimmten Situationen ihre ethnische Zugehörigkeit verschleiern (z. B. Peikert 2024, S. 81), wie folgendes Zitat aus einer Studie zu Rassismuserfahrungen von Familien mit jungen Kindern verdeutlicht:

> „Aufgrund unseres kurdischen Hintergrunds gab es bereits schon viel Selbststigmatisierung, das uns beigebracht wurde. Ignorieren, den ‚heiklen' Gesprächen aus dem Weg gehen und bloß keine Farbe bekennen waren die häufigsten Ratschläge zu meiner Schulzeit" (TG02_11; Ilgün-Birhimeoğlu 2024).

Ghaderi stellt fest, dass Erfahrungen mit Antikurdischem Rassismus, auch wenn sie auf individueller Ebene stattfinden, nicht als persönliche Erfahrungen einzuordnen sind, sondern sie in Interaktionen und Emotionen funktionieren und in Bezug zur institutionellen, historischen und politischen Ebene stehen (Ghaderi 2022; Ghaderi/Almstadt 2023). Dies schließt an eine soziologische Perspektive an, nach der individuelle Vorurteile und Handlungen stets als Ergebnisse der strukturellen Ebene zu betrachten sind (Scherr 2023, S. 18). Antikurdischer Rassismus ist auch in Deutschland historisch gewachsen und nicht einfach als „importierter" Rassismus zu verstehen. Er zeigt sich beispielsweise auf institutioneller Ebene an der Weitergabe von Daten kurdischer Organisationen an das Bundeskriminalamt und den Verfassungsschutz (Ghaderi/Almstadt 2023, S. 13), auf historischer Ebene vor allem an der westlichen Kolonialgeschichte und rassistischen Annahmen über den „Orient", konkret auf die Verträge von Sykes-Picot von 1916 und den Friedensvertrag von Versailles von 1919. Diese Verträge legten, so Ghaderi, die Grenzen des sogenannten Nahen Ostens und der von den Kurd*innen bewohnten Gebiete fest. Die Basis bilden rassistische Machtverhältnisse, legitimiert durch das Narrativ, dass bestimmte Bevölkerungen nicht in der Lage seien, sich selbst zu regieren (Ghaderi 2022). So dienen solche rassistischen Theorien und Behauptungen als „Legitimationslegenden" für Ungleichbehandlungen (Rommelspacher 2011, S. 25). Historische Kontinuitäten machen etwa den Einfluss der Außenpolitik auf die Innenpolitik sichtbar. Dies betrifft die Beziehungen westlicher Staaten zur Türkei als stabilisierenden Faktor in der Region, die Interessen im Rahmen der NATO-Mitgliedschaft sowie die europäische und deutsche Migrationspolitik und die Energieversorgung der EU (Ghaderi 2022).

2.1 Intersektionalitäten: Antikurdischer Rassismus und religiös orientierte Rassismen

Jedoch sind Kurd*innen oftmals nicht ausschließlich von Antikurdischem Rassismus betroffen, sondern häufig von zwei oder mehr Rassismen gleichzeitig, gleichsam intersektional. Beispielsweise führen religiöse Unterschiede auch zu unterschiedlichen Betroffenheiten hinsichtlich religiös orientierter Rassismen. Während Kurd*innen muslimischen Glaubens in den Herkunftsländern von Antikurdischem Rassismus betroffen sind, unterliegen sie in Deutschland zusätzlich Anti-Muslimischem Rassismus. Nicht-muslimisch-sunnitische Kurd*innen sind in Deutschland weiterhin von religiös-basierten Rassismen betroffen. So übertragen sich die Rassismen aus den Herkunftsländern durch bilaterale Verhandlungen sowie die Wirkmacht des Islam als Weltreligion durchaus auf den deutschen Kontext. Etwa, wenn der Islam als einzige nicht-christliche Religion für migrantisch markierte Communities gedacht wird (Berse 2024, S. 91) und dabei Alevit*innen und Êzid*innen ausgeblendet werden. Zudem identifizieren sich viele muslimische Kurd*innen nicht mit bestehenden islamischen Organisationen in Deutschland, da diese zum einen enge Kontakte mit den Herkunfts-Nationalstaaten pflegen, in denen Antikurdischer Rassismus herrscht. Zum anderen, weil die komplexen Unterdrückungserfahrungen von Kurd*innen, die beispielsweise aufgrund ihrer religiösen, ethnischen, geschlechtsspezifischen Identität erlebt werden, dort keine Anerkennung erfahren (vgl. Azizoğlu-Bazan i.V.). Diese spezifischen, auch innermigrantischen Rassismen führen zu Desolidarisierungsprozessen. Fragmentierungen bestehen zudem aus ethnischen Selbstverständnissen heraus, etwa wenn Personen êzidischen Glaubens sich sowohl religiös als auch ethnisch als êzidisch identifizieren und sich somit von Kurd*innen abgrenzen (Berse 2024, S. 84). Hier bestehen allerdings große Forschungslücken. Weitere

Untersuchungen zu Intersektionalitäten von Antikurdischem Rassismus mit Anti-Êzidischem und Anti-Alevitischem Rassismus wären für den deutschsprachigen Raum sinnvoll.

2.2 Intersektionalitäten aufgrund Nationalstaatlicher Interessen

Weitere Intersektionalitäten, die zu Desolidarisierungsprozessen führen, liegen in den Partnerschaften mit den Herkunftsländern. Beispielsweise werden Kurd*innen und Organisationen, die mit der PKK (Arbeiterpartei Kurdistans) sympathisieren, in vielen Ländern Europas als kriminell eingestuft, wohingegen mit Kurd*innen und Organisationen aus Südkurdistan, die die kurdische Regionalregierung in Irak vertreten oder ihr nahestehen, diplomatische Beziehungen gepflegt werden (Başer 2019, S. 180). Positionen und Organisationen, die das dominante nationalstaatliche Narrativ reproduzieren, werden eher als repräsentativ für die kurdische Community betrachtet und sind dadurch eher im öffentlichen und medialen Diskurs vertreten. Die strukturell-institutionelle Dimension des Antikurdischen Rassismus, wie zum Beispiel Verbote von Vereinen, Verweigerung der Staatsbürgerschaft, Durchsuchung von Häusern und Vereinen, die oft in diesen Debatten thematisiert werden, betrifft jedoch insbesondere Organisationen und Einzelpersonen, die kurdischen Freiheits-Bewegungen nahestehen. Dennoch bleibt dieser Aspekt in den medialen und wissenschaftlichen Diskussionen häufig unerwähnt.

Innerhalb kurdischsprachiger oder kurdisch positionierter Wissenschaftler*innen und Publizist*innen finden auch eher diejenigen Gehör, die parteipolitisch in den Herkunftsländern nicht als Bedrohung wahrgenommen werden. Es sind oft jene Stimmen, die nicht im Widerspruch zu den politischen und wirtschaftlichen Interessen Deutschlands stehen. Diese Form der Repräsentation blendet die Vielfalt und Vielschichtigkeit der kurdischen Identitäten und politischen Positionen aus. Stattdessen wird ein bequemer Ansatz gewählt, bei dem die (Macht-)Interessen Deutschlands und der Herkunftsländer unangetastet bleiben. Diese Fehl-Repräsentationen von kurdischen Communities in deutschen gesamtgesellschaftlichen Gremien hängt daneben mit der Bevorzugung von Einzelpersonen, welche als individuelle Aktivist*innen dargestellt werden, zusammen. Hingegen werden Angehörige von (mitgliederstarken) Organisationen eher gemieden (vgl. Azizoğlu-Bazan i.V.).

Durch diese selektive Repräsentation wird nicht nur der bestehende Antikurdische Rassismus reproduziert, sondern wird ebenso eine weiterführende Auseinandersetzung mit den unterschiedlichen politischen und sozialen Diskursen und Zielen verhindert, die von Kurd*innen geführt und gefordert werden. Diese Ziele stehen oft im direkten Widerspruch zu den dominanzgesellschaftlichen Narrativen und Machtstrukturen, die durch Antikurdischen Rassismus aufrechterhalten werden.

2.3 „Jin Jiyan Azadî“

Eine selektive Repräsentation der kurdischen Positionen lässt sich am Beispiel von Solidaritätsaktionen für Widerstandsbewegung im Iran zeigen. Die Massendemonstrationen gegen das Regime der Islamischen Republik Iran begannen am 16. September 2022 nach dem Femizid an der 22-jährigen Kurdin Jîna (Mahsa)[3] Amini, die von der so genannten Sittenpolizei verhaftet wurde, weil sie angeblich ihren Hijab „unsachgemäß“ trug. Sie starb an den Verletzungen, die sie in der Haft erlitten hatte. Das Feuer des Protests, das durch die Beerdigung von Amini in Saqqiz in der Provinz Kurdistan entfacht wurde, breitete sich auf alle Provinzen im Iran aus. Die Proteste haben unter dem kurdischen Konzepttitel „Jin Jiyan Azadî“ (Frau, Leben, Freiheit) ein breites Netzwerk der Solidarität unter den Gesellschaften aller ethnischen, religiösen und kulturellen Hintergründe im Iran sowie auf internationaler und transnationaler Ebene hervorgerufen (Azizoğlu-Bazan 2023, S. 2).

Ursprünglich stammt dieser Slogan aus der kurdischen Frauenbewegung und ist tief in den politischen Kämpfen kurdischer Frauen für Gleichberechtigung und Befreiung von Frauen verwurzelt und verkörpert eine radikale antikoloniale und antipatriarchale Position. Der Slogan wurde im Zuge der Solidarisierungsprozesse mit der Widerstandsbewegung in Iran und Kurdistan jedoch oft aus seinem ursprünglichen Kontext gerissen, in westlichen und iranischen, nationalistischen Diskursen instrumentalisiert und entpolitisiert, ohne die revolutionäre und antikoloniale Dimension der kurdischen Frauenbewegung anzuerkennen (Ghaderi/Göner 2022; Sehlikoğlu 2023). Diese Aneignung führt dazu, dass die komplexen politischen Kämpfe, aus denen der Slogan hervorgegangen ist, unsichtbar gemacht werden. Gründer*innen und Initiator*innen der Bewegung werden nicht gehört und nicht mit den historischen Hintergründen in Verbindung gebracht. Oft wurde der Slogan sogar nicht in seiner ursprünglichen kurdischen Version, sondern in seiner persischen, englischen und deutschen Übersetzung verwendet. Es werden (kurdisch positionierte) Stimmen gehört und Personen repräsentiert, welche sich mit der kurdischen Frauenbewegung nicht solidarisieren und ihr teilweise sogar kritisch gegenüberstehen. Dies führt zu einer verzerrten Repräsentation der kurdischen Frauenbewegung und verstärkt bestehende Machtungleichheiten innerhalb der kurdischen Diaspora.

Dieser reduktionistische Ansatz führt zur epistemischen und politischen Unsichtbarkeit und Ablehnung des feministischen Widerstands in Kurdistan und in der Diaspora. Die vielschichtige Unterdrückung und Kämpfe kurdischer Frauen werden nicht anerkannt und unsichtbar gemacht, es sei denn, sie verbinden ihre

3 Mahsa ist ein offizieller Zwangsname, da kurdische Namen im Iran nicht erlaubt sind.

Kämpfe mit westlichen Themen, treten als organisationsferne Einzelpersonen auf oder sehen sich selbst in dieser *neo-orientalistischen* (offener Brief 2022) Perspektive.

3. Ausblick

Angesichts der Komplexität und Diversität der kurdischen Community in Deutschland ist es essenziell, dass Solidarität innerhalb der verschiedenen kurdischen Gruppen gestärkt wird. Diese Solidarität muss tief in einem Bewusstsein für die vielfältigen Formen der Diskriminierung und Ausgrenzung verankert sein, denen Kurd*innen auf intersektionale Weise ausgesetzt sind. Ein zentraler Schritt ist dabei die Anerkennung und das Verständnis kolonialer Kontinuitäten, die nicht nur die politischen und wirtschaftlichen Beziehungen zwischen Deutschland und den Herkunftsländern prägen, sondern auch die Dynamiken innerhalb der kurdischen Community beeinflussen. Dies erfordert zudem eine aufrichtige und offene Anerkennung kurdischer Organisationen. Das bringt verschiedene Vorteile mit sich: Fehl-Repräsentationen werden vermieden. Zudem werden kurdische Organisationen, welche seit Jahrzehnten gegen rechtsextreme Organisationen kämpfen und ihr Expert*innenwissen gesamtgesellschaftlichen Anliegen zur Verfügung stellen, gestärkt. Fragmentierungsprozesse werden gemindert, so dass Empowerment und Solidarisierungsprozesse angestoßen und freigelegt werden.

Es ist entscheidend, innerhalb der kurdischen Community ein Bewusstsein für die anhaltenden kolonialen Strukturen zu schaffen, die sich in der Art und Weise manifestieren, wie kurdische Stimmen in Deutschland repräsentiert, gehört bzw. ausgegrenzt werden. Hierbei müssen insbesondere diejenigen Mechanismen hinterfragt werden, die dazu führen, dass bestimmte kurdische Positionen und Identitäten gegenüber anderen privilegiert werden, während Betroffene und die Unterdrückung, die aus bestehenden sozialen Ordnungen entsteht, ausgeblendet bleiben.

Ein weiteres Handlungsfeld ist die aktive Förderung von Solidarität und Inklusion innerhalb der kurdischen Community. Dies erfordert eine bewusste Auseinandersetzung mit den unterschiedlichen religiösen, sprachlichen, kulturellen und politischen Identitäten innerhalb der Gemeinschaft und das Bewusstsein dafür, wie die Ausblendung bestimmter kritischer, kurdischer Positionen zur Desolidarisierung beitragen. Hier ist es von zentraler Bedeutung, dass insbesondere kurdische Intellektuelle und Organisationen selbstkritische Praxen entwickeln, die den internen Machtgefällen und Diskriminierungsformen entgegenwirken und gleichzeitig die gemeinsamen Interessen der kurdisch-migrantisierten Community unterstützen.

Literatur

Ağuiçenoğlu, Hüseyin (2019): „*Identitätskonstruktionen* bei den *alevitischen* Kurd_innen in *Deutschland*". In: Engin, Kenan (Hrsg.): Kurdische Migrant_innen in Deutschland. Lebenswelten – Identität – politische Partizipation. Kassel: kassel university press GmbH, 103–118.

Amadeu Antonio Stiftung, Kurd-Akad. Netzwerk kurdischer AkademikerInnen e. V. (2021): Doppelt unsichtbar: Innermigrantischer Rassismus in Deutschland und die organisierte türkische Rechte. https://www.amadeu-antonio-stiftung.de/wp-content/uploads/2024/05/Doppelt_unsichtbar_web.pdf

Ammann, Birgit (2001): Kurden in Europa. Ethnizität und Diaspora. Münster: LIT.

Azizoğlu-Bazan, Münevver (2022): „Solidarität mit den Protestierenden in Iran und Kurdistan". In: GEW, Semesterinfo Wintersemester 2022/2023. https://www.gew-hb.de/index.php?eID=dumpFile&t=f&f=130633&token=ce593d15fbf9e56a7c732a09366ddf5919bfda6c&sdownload=&n=Bremen-Semesterinfo-WiSE2022-2023.pdf

Azizoğlu-Bazan, Münevver (i.V.): Analysen zum Beitrag der kurdischen Frauenbewegung für das Empowerment von (kurdischen) Frauen – untersucht am Beispiel der Entwicklung der kurdischen Frauenbewegung in der deutschen Diaspora und ihrer Auseinandersetzung mit dem ‚westlichen Feminismus'. Unveröffentlichte Dissertation. Universität Bremen. Fachbereich Erziehungs- und Bildungswissenschaften.

BAMF – Bundesamt Für Migration Und Flüchtlinge (2024): Das Bundesamt in Zahlen 2023 – Modul Asyl. https://www.bamf.de/SharedDocs/Anlagen/DE/Statistik/BundesamtinZahlen/bundesamt-in-zahlen-2023-asyl.html

Başer, Bahar (2019): „Kurdish Diaspora Activisim in Europe: A Closer Look at the Enablers and Diablers of Diaspora Mobilisation". In: Engin, Kenan (Hrsg.): Kurdische Migrant_innen in Deutschland. Lebenswelten – Identität – politische Partizipation. Kassel: kassel university press GmbH, 179–197.

Berse, Ferda (2024): „Verschwörungsmythen und Feindbilder über Ezid*innen". Ein Interview. In: Amadeu Antonio Stiftung; Kurd Akad (Hrsg.): Doppelt unsichtbar. Innermigrantischer Rassismus in Deutschland und die organisierte türkische Rechte. O.O., S. 83–91.

Derince, Şerif (2020): Kurdisches Leben in Berlin: Ergebnisse einer quantitativen Umfrage. Eine Veröffentlichung der Yekmal Akademie für Sprache, Bildung und Forschung. Yekmal e. V.

Eliassi, Barzoo (2021) „Kurdish Diaspora: A Transnational Imagined Community". In: Bozarslan, Hamit; Güneş, Cengiz; Yadırgı, Veli (Hrgs.): The Cambridge History of the Kurds. Cambridge University Press, 848–868.

Engin, Kenan (2019): „Kurdische Migrant_innen in Deutschland". In: Engin, Kenan (Hrsg.): Kurdische Migrant_innen in Deutschland. Lebenswelten – Identität – politische Partizipation. Kassel: kassel university press GmbH, 5–20.

Engin, Kenan (2020): Chronologie: 100 Jahre kurdische Einwanderung nach Deutschland. https://www.migazin.de/2020/01/23/chronologie-100-jahre-kurdische-einwanderung-nach-deutschland/

Ghaderi, Farangis; Göner, Özlem (2022): Why „Jîna": Erasure of Kurdish Women and Their Politics from the Uprisings in Iran. Jadaliyya. جدلية. https://www.jadaliyya.com/Details/44560/Why-%E2%80%9CJ%C3%AEna%E2%80%9D-Erasure-of-Kurdish-Women-and-Their-Politics-from-the-Uprisings-in-Iran

Ghaderi, Çinur (2022): Vortrag zum Thema „Diversität und Rassismus in der Migrationsgesellschaft mit dem Fokus (Anti-)kurdischer Rassismus" (21:40–1:01:06). Kurdische Gemeinde Deutschland e. V. Von Kurdistan bis Deutschland – Fachtagung gegen antikurdischen Rassismus. https://kurdische-gemeinde.de/von-kurdistan-bis-deutschland-fachtagung-gegen-antikurdischen-rassismus/

Ghaderi, Çinur; Almstadt, Esther (2023): Expertise. Kurden in Deutschland. Mediendienst Integration. https://mediendienst-integration.de/fileadmin/Dateien/MEDIENDIENST_Expertise_Kurden_in_Deutschland.pdf 05.09.2024

Hall, Stuart (2000): „Rassismus als ideologischer Diskurs". In: Räthzel, Nora (Hrsg.): Theorien über Rassismus. Argument-Verlag, Hamburg.

Hashemi, Mukhtar (2014): „Contemporary Kurdish diaspora in Europe: A driving force toward peace and democracy in the Middle East". In: Golan, Galia; Salem, Walid (Hrsg.): Non-state Actors in the Middle East: Factors for Peace and Democracy. London: Routledge, 117–145.

Ilgün-Birhimeoğlu, Emra (2024): „Ich kann mich schützen aber das Kind nicht" – Elterliche Wahrnehmung und Bearbeitung von Rassismuserfahrungen von Kindern. In: Bostancı, Seyran/Ilgün-Birhimeoğlu, Emra (Hrsg.): Elementarpädagogik in der postmigrantischen Gesellschaft. Theoretische und empirische Zugänge zu einer rassismuskritischen Pädagogik. Weinheim/Basel: Beltz Juventa. 96–115.

Jasim, Dastan (2020): „Antikurdischer Rassismus: Eine Praxis ohne Gehör". In: Yeni Ozgur Politika. https://www.ozgurpolitika.com/haberi-antikurdischer-rassismus-eine-praxis-ohne-gehor-146367

Open Letter. A group of Iranian feminists in Western academia (2022): Listen to the voices of a feminist revolution in Iran: Google Docs. https://docs.google.com/forms/d/e/1FAIpQLSdz9B-jlyN60PjoStPSOiVWtvwefeLddCxdkCI5uwvnAWujOg/viewform

Peikert, Linda (2024): „Antikurdischer Rassismus gegen Jugendliche in Deutschland". In: Amadeu Antonio Stiftung; Kurd Akad (Hrsg.): Doppelt unsichtbar. Innermigrantischer Rassismus in Deutschland und die organisierte türkische Rechte. O.O., 81–82.

Politikart (2020): Antikurdischer Rassismus. 285. Ausgabe. https://www.ozgurpolitika.com/haberi-285-ausgabe-antikurdischer-rassismus-5598

Pürckhauer, Andrea (2019): „Wie viele Kurdischstämmige leben in Deutschland?" Mediendienst. Integration. https://mediendienst-integration.de/artikel/wie-viele-kurdischstaemmige-leben-in-deutschland.html

Rommelspacher, Birgit (2011): „Was ist eigentlich Rassismus?" In: Mecheril, P./Melter, C. (Hrsg.): Rassismuskritik. Band 1: Rassismustheorie und -forschung. Frankfurt am Main, 25–38.

Scherr, Albert (2023): „Soziologische Diskriminierungsforschung". In: Scherr, Albert; Reinhardt, Anna Cornelia; El-Mafaalani, Aladin (Hrsg.): Handbuch Diskriminierung. 2., erweiterte und aktualisierte Aufl. Wiesbaden: Springer Fachmedien, 17–42.

Sehlikoğlu, Sertaç (2023): „Transcript: Narratives and Realities of Violence on the War in the Middle East". Podcast mit Üstündag, Nazan; Göner, Özlem; Saadi, Sardar. UCL Institute for Global Prosperity. https://www.ucl.ac.uk/bartlett/igp/podcasts/takhayyul-nativess-and-emergent-issues-podcast/transcript-narratives-and-realities-violence

Şenol, Şengül (1992): Kurden in Deutschland. Fremde unter Fremden. Haag + Herchen, Frankfurt am Main.

Sökefeld, Martin (2014): „Diaspora und soziale Mobilisierung: Kaschmiris in England und Aleviten in Deutschland im Vergleich". In: Nieswand, Boris; Drotbohm, Heike (Hrsg.): Kultur, Gesellschaft, Migration. Die reflexive Wende in der Migrationsforschung. Springer VS, 223–251. DOI:10.1007/978-3-658-03626-3_9

Tagay, Şafak; Ortaç, Serhat (2016): Die Eziden und das Ezidentum. Geschichte und Gegenwart einer vom Untergang bedrohten Religion. Landeszentrale für politische Bildung, Hamburg.

Unvar, Sultan (2020): „Antikurdischer Rassismus-Institutionell, strukturell und auf individueller Ebene". Yeni Özgür Politika. https://www.ozgurpolitika.com/haberi-antikurdischer-rassismus-institutionell-strukturell-und-auf-individueller-ebene-5584, 25.01.2023.

Walgenbach, Katharina (2017): Heterogenität – Intersektionalität – Diversity in der Erziehungswissenschaft. 2., durchgesehen Auflage. Verlag Barbara Budrich: Opladen & Toronto.

Winker, Gabriele; Degele, Nina (2010): Intersektionalität. Zur Analyse sozialer Ungleichheiten. 2., unveränderte Auflage. transcript: Bielefeld.

Reproduktion der Marginalisierung und Kriminalisierung der kurdischen Sprache im deutschen Bildungssystem[1]

Şerif Derince[2]

Einleitung

Kurdisch, die Muttersprache von schätzungsweise 30 bis 40 Millionen Menschen weltweit, ist eine der wichtigsten staatenlosen Sprachen (Hassanpour 1992; Hofmann 2019). Kurdisch wird hauptsächlich in Regionen der Türkei, im Irak, im Iran und in Syrien gesprochen, wo es in der Vergangenheit in unterschiedlichem Maße unterdrückt und ausgegrenzt wurde. Trotzdem bleibt Kurdisch ein lebendiger und wesentlicher Aspekt der kurdischen Identität und des kulturellen Erbes. In Deutschland ist die kurdische Diaspora in den letzten Jahrzehnten erheblich gewachsen. Diese Diaspora ist das Ergebnis von Migrationsbewegungen, die durch politische Unruhen, Konflikte und wirtschaftliche Chancen ausgelöst wurden.

Das deutsche Bildungssystem ist der Förderung von Mehrsprachigkeit und sprachlicher Vielfalt verpflichtet und spiegelt die multikulturelle Zusammensetzung des Landes auf der Diskursebene wider. Dieses Engagement zeigt sich in politischen Dokumenten und öffentlichen Diskursen, in denen die kognitiven, sozialen und wirtschaftlichen Vorteile des Erlernens mehrerer Sprachen hervorgehoben werden. So hat beispielsweise die Kultusministerkonferenz (KMK 2013) die Bedeutung der mehrsprachigen Bildung und der Einbeziehung von Herkunftssprachen in Schulen hervorgehoben. Hinter diesem oberflächlichen Engagement verbirgt sich jedoch eine hierarchische Sprachenpolitik, die bestimmte Sprachen gegenüber anderen bevorzugt (Gogolin 2002) und oft Minderheiten- und staatenlose Sprachen wie Kurdisch marginalisiert (Derince 2022).

1 Dieser Artikel wurde ursprünglich vom Autor in englischer Sprache verfasst und für diese Veröffentlichung übersetzt.

2 Şerif Derince ist der Leiter der Yekmal Akademie. Er ist außerdem Doktorand an der Universität Potsdam, wo er über den Unterricht der kurdischen Sprache in Deutschland forscht.

Die Unterstützung des deutschen Bildungssystems für Sprachen erstreckt sich in der Regel auf die Sprachen, die als Staatssprachen anerkannt sind und von ihren Herkunftsländern unterstützt werden. Sprachen wie Türkisch, Russisch und Italienisch erhalten beträchtliche Unterstützung durch bilaterale Abkommen, Finanzierungen und Ressourcen, die sowohl von der deutschen Regierung als auch von den jeweiligen Ländern bereitgestellt werden. Im Gegensatz dazu fehlt dem Kurdischen aufgrund seines staatenlosen Charakters eine solche institutionelle Unterstützung und Macht. Dieser Mangel an staatlicher Unterstützung und seine komplexe politische Geschichte schaffen erhebliche Hindernisse für die Einbeziehung des Kurdischen in das deutsche Bildungssystem (Derince 2022).

In der Praxis äußert sich die hierarchische Sprachenpolitik auf verschiedene Weise. Erstens ist das Angebot an kurdischem Sprachunterricht an deutschen Schulen sehr begrenzt. Zwar haben einige Bundesländern mit bedeutenden Anteil der kurdischen Community Anstrengungen unternommen, Kurdisch als Teil ihrer herkunftssprachlichen Angebote anzubieten, doch sind diese Bemühungen uneinheitlich und oft mit zu wenig Mitteln ausgestattet (Derince, in Kürze). Zweitens gibt es nur wenige Unterrichtsmaterialien in kurdischer Sprache, was es für Lehrkräfte schwierig macht, umfassende Lehrpläne zu entwickeln. Dieser Mangel erstreckt sich auf Lehrbücher, ergänzendes Lesematerial und digitale Ressourcen, die alle für einen effektiven Sprachunterricht unerlässlich sind. Drittens fehlt es an strukturierter Unterstützung für kurdische Sprachlehrer*innen. Im Gegensatz zu Lehrkräften anderer kultureller Sprachen erhalten kurdische Sprachlehrer*innen oft keine angemessenen beruflichen Weiterbildungsmöglichkeiten oder institutionelle Unterstützung, was die Qualität und Nachhaltigkeit des kurdischen Sprachunterrichts beeinträchtigt.

In diesem Artikel soll untersucht werden, wie das marginalisierte und kriminalisierte Image der Kurd*innen und der kurdischen Sprache im deutschen Bildungssystem reproduziert wird, trotz des gefeierten Diskurses der Mehrsprachigkeit. Durch die Untersuchung der hierarchischen Sprachenpolitik, die in Schulen umgesetzt wird, wird dieser Artikel die systemischen Barrieren aufzeigen, mit denen die kurdische Sprache und ihre Sprecher*innen konfrontiert sind. Anhand qualitativer Daten aus Interviews mit Lehrer*innen, Eltern und Gemeindevertreter*innen wird der Artikel die Erfahrungen der von dieser Politik Betroffenen beleuchten. Diese Einblicke werden die Diskrepanz zwischen der Deutschland gefeierten Mehrsprachigkeit und der Realität der kurdischsprachigen Communities verdeutlichen.

Letztlich soll diese Untersuchung zu einem differenzierteren Verständnis der Sprachenpolitik in Deutschland beitragen. Sie plädiert für die flächendeckende Entwicklung und Umsetzung einer integrativeren Sprachenpolitik, die die spezifischen historischen, politischen und sozialen Faktoren, die den Status und die Behandlung der verschiedenen Sprachen beeinflussen, anerkennt und berücksichtigt. Konkret argumentiert der Artikel, dass die Sprach- und Bildungspolitik in Deutschland einen dekolonialen und antirassistischen Ansatz verfolgen muss, damit staatenlose Sprachen wie Kurdisch vor Unterdrückungs- und Kriminalisierungsregimen geschützt werden können. Eine solche Politik sollte über einfache lip service (Lippenbekenntnisse) zur Mehrsprachigkeit hinausgehen und aktiv daran arbeiten, die hierarchischen Strukturen abzubauen, die staatenlose Sprachen wie Kurdisch benachteiligen. Dieser Ansatz wird nicht nur kurdischsprachigen Gemeinschaften zugutekommen, sondern auch dazu beitragen, einen echten und wirksamen sozialen Zusammenhalt innerhalb der Gesellschaft zu schaffen und aufrechtzuerhalten.

1. Sprachliche Marginalisierung und Kriminalisierung in der akademischen Forschung

Sprachliche Marginalisierung und Kriminalisierung sind wichtige Konzepte in der Soziolinguistik und der Sprachpolitik, die die systemischen Prozesse widerspiegeln, durch die bestimmte Sprachen und ihre Sprecher benachteiligt und unterdrückt werden. Dieser Abschnitt untersucht diese Konzepte, wie sie in der akademischen Forschung diskutiert werden, und bietet einen theoretischen Rahmen für das Verständnis der Herausforderungen, denen die kurdische Sprache im deutschen Bildungssystem gegenübersteht.

1.1 Marginalisierung der Sprache

Die sprachliche Marginalisierung bezieht sich auf den Prozess, durch den bestimmte Sprachen systematisch von der offiziellen und institutionellen Anerkennung und Unterstützung ausgeschlossen werden. Dieser Ausschluss kann durch verschiedene Mechanismen erfolgen, darunter politische Entscheidungen, Bildungspraktiken und gesellschaftliche Einstellungen. Die Marginalisierung führt häufig dazu, dass Sprecher*innen dieser Sprachen weniger Chancen haben, was sich auf ihren Zugang zu Bildung, Teilhabe, Beschäftigung und sozialen Diensten auswirkt.

Ricento (2006) definiert Marginalisierung von Sprachen als den Abstieg einer Sprache auf einen niedrigeren Status innerhalb einer soziopolitischen Hierarchie, der häufig mit einem Mangel an Ressourcen und institutioneller Unterstützung einhergeht. Diese Marginalisierung wird in der Regel durch eine breitere soziopolitische Dynamik beeinflusst, zu der Nationalismus, wirtschaftliche Prioritäten und kulturelle Hegemonie gehören (Skutnabb-Kangas/Phillipson 2010). Eng verbunden mit dem Begriff der Marginalisierung beschreibt Gogolins (2002) Konzept der „Layers of legitimacy“ [Legitimitätsschichten], wie die Sprachpolitik in angeblich mehrsprachigen Gesellschaften oft die dominanten Sprachen bevorzugt und andere marginalisiert.

Im Kontext des deutschen Bildungssystems ist die Marginalisierung des Kurdischen in mehrfacher Hinsicht offensichtlich. Trotz des offiziellen Bekenntnisses Deutschlands zur Mehrsprachigkeit spiegelt die mangelnde institutionelle Unterstützung für den kurdischen Sprachunterricht tiefere systemische Vorurteile Ressentiments wider. Das Fehlen des Kurdischen im formalen Lehrplan, abgesehen von außerschulischen muttersprachlichen Angeboten, begrenzte Unterrichtsressourcen und unzureichende Unterstützung für Lehrkräfte sind Ausdruck dieser Marginalisierung. Diese Faktoren tragen dazu bei, dass Kurdisch im Vergleich zu staatlich geförderten Sprachen in der Gesellschaft als weniger wertvoll oder legitim angesehen wird.

1.2 Kriminalisierung der Sprache

Die Kriminalisierung von Sprache bezieht sich auf den Prozess, durch den der Gebrauch einer bestimmten Sprache stigmatisiert oder sogar gesetzlich eingeschränkt wird. Dazu können Maßnahmen gehören, die den Gebrauch der Sprache in öffentlichen Bereichen ausdrücklich verbieten oder einschränken, sowie soziale Praktiken, die die Sprache mit negativen Stereotypen oder politischem Dissens in Verbindung bringen.

Skutnabb-Kangas (2012) erörtert die Kriminalisierung von Sprachen im Rahmen der sprachlichen Menschenrechte und betont, wie staatliche Maßnahmen auf Minderheitensprachen abzielen können, um kulturelle und politische Identitäten zu unterdrücken. Hassanpour (1992) liefert eine detaillierte Analyse der Kriminalisierung der kurdischen Sprache in der Türkei, im Irak, im Iran und in Syrien, wo die kurdische Sprache mit Separatismus und politischen Unruhen in Verbindung gebracht wird. Diese Assoziation führt häufig zu rechtlichen Beschränkungen des Gebrauchs der kurdischen Sprache und zur Stigmatisierung ihrer Sprecher*innen.

Auch wenn Deutschland den Gebrauch des Kurdischen rechtlich nicht einschränkt, kann die historische und politische Last, die mit der Sprache verbunden ist, dennoch auf subtilere Weise zu ihrer Kriminalisierung führen. Studien zeigen, wie die kurdische Identität und Sprache oft politisiert werden, was zu sozialem und institutionellem Widerstand gegen ihre Förderung führt (Engin 2019; Skubsch 2002). Im deutschen Kontext kann sich dieser Widerstand in bürokratischen Hürden für die Einrichtung kurdischer Sprachprogramme und einem allgemeinen Misstrauen gegenüber kurdischen sprachlichen und kulturellen Initiativen manifestieren (Derince 2022). Lehrer*innen und Gemeindeleiter*innen haben berichtet, dass sie bei der Förderung des kurdischen Sprachunterrichts auf erhebliche Hindernisse stoßen. Dazu gehören die übermäßige Kontrolle durch die lokalen Behörden und die weit verbreitete Angst, mit politischem Aktivismus in Verbindung gebracht zu werden. Dieses Klima des Misstrauens kann Schulen und Pädagog*innen davon abhalten, kurdische Sprachinitiativen zu unterstützen und die Sprache durch sozialen und administrativen Druck effektiv zu kriminalisieren.

1.3 Kurdischer Sprachunterricht in Deutschland

Die Forschung zum kurdischen Sprachunterricht in Deutschland hat sowohl die Bemühungen als auch die Herausforderungen der kurdischen Gemeinschaften aufgezeigt. Ozmen (2010) dokumentiert die Initiativen kurdischer Organisationen zur Einrichtung von Sprachkursen und Kulturprogrammen, trotz begrenzter Unterstützung durch deutsche Institutionen. Diese Initiativen sind für den Erhalt der kurdischen Sprache und Kultur bei den jüngeren Generationen von entscheidender Bedeutung. Die uneinheitliche Verfügbarkeit von kurdischen Sprachkursen und das Fehlen von standardisierten Lehrplänen stellen jedoch eine große Herausforderung dar. Studien zeigen, dass kurdische Kinder in der Schule oft nicht ausreichend Gelegenheit erhalten, ihre Herkunftssprache zu lernen, was sich auf ihre sprachliche und kulturelle Identität auswirken kann (Derince 2022). Darüber hinaus wird die Wirksamkeit des kurdischen Sprachunterrichts durch den Mangel an beruflicher Fortbildung für kurdische Sprachlehrer*innen weiter beeinträchtigt (Derince, in Kürze).

2. Herausforderungen und Kampf um die kurdische Sprache

2.1 Marginalisierung

Interviews mit kurdischen Sprachlehrern zeigen ein durchgängiges Thema der unzureichenden Finanzierung und Ressourcenzuweisung. Ein Lehrer erklärte:

> „Wir haben keine Lehrbücher oder strukturierten Lehrpläne für den Kurdisch-Unterricht. Alles, was wir verwenden, müssen wir selbst erstellen, oft mit begrenzter Zeit und Ressourcen. Die Schulverwaltung bietet nur minimale Unterstützung, und manchmal hat man das Gefühl, dass sie den Wert dessen, was wir tun, nicht sehen.“ (Interview 8, Mai 2023)

Die Eltern kurdischer Schüler*innen äußern sich auch frustriert über das begrenzte Angebot an kurdischem Sprachunterricht. Ein Elternteil kommentierte folgendes:

„Meine Kinder wollen unbedingt Kurdisch lernen, aber die Schule bietet es nicht an. Wir sind auf die monatlichen Wochenendkurse angewiesen, die von der kurdischen Gemeinde organisiert werden, die oft unterbesetzt und unterfinanziert sind. Es ist offensichtlich, dass Kurdisch systematisch aus dem formalen Bildungssystem ausgeschlossen wird." (Interview 6, Mai 2023)

2.2 *Kriminalisierung*

Lehrer*innen und Gemeindeleiter*innen berichten von Fällen, in denen kurdische Sprachinitiativen auf Misstrauen oder Widerstand seitens der lokalen Behörden stoßen. Ein Vertreter einer kurdischen Gemeindeorganisation berichtete:

„Als wir versuchten, an einer örtlichen Schule Kurdisch-Unterricht einzurichten, stießen wir auf zahlreiche bürokratische Hürden. Es gab Bedenken wegen der politischen Implikationen des Kurdisch-Unterrichts, und wir wurden aufgefordert, umfangreiche Unterlagen und Begründungen vorzulegen. Es war klar, dass es eine unterschwellige Angst vor der kurdischen Sprache und dem, was sie repräsentiert, gab." (Interview 4, Juni 2023)

Darüber hinaus schaffen die rechtlichen und sozialen Hindernisse für den Kurdisch-Unterricht ein Klima der Angst und Unsicherheit. Die Lehrkräfte berichten, dass sie sich hinterfragt und nicht unterstützt fühlen, was ihre Fähigkeit, die Sprache effektiv zu fördern und zu unterrichten, beeinträchtigt. Ein Lehrer erzählte:

„Es gibt immer diese latente Angst, dass ein zu offener Umgang mit der kurdischen Sprache zu Problemen führen könnte. Obwohl wir in Deutschland sind, verfolgt uns der Schatten der Kriminalisierung aus unserer Heimat. Das beeinflusst unsere Herangehensweise an den Unterricht, macht uns oft übervorsichtig und schränkt den Umfang unseres Unterrichts ein." (Interview 3, Mai 2023)

3. Strukturelle Herausforderungen

Die Staatenlosigkeit der kurdischen Sprache verschärft die Herausforderungen, denen sie im deutschen Bildungssystem gegenübersteht. Im Gegensatz zu staatlich geförderten Sprachen gibt es für Kurdisch keinen standardisierten Lehrplan, keine offiziellen Lehrbücher und keine staatlich geförderten Lehrer*innenausbildungsprogramme. Dieser Mangel an strukturierter Unterstützung stellt die Lehrkräfte der kurdischen Sprache vor große pädagogische Herausforderungen. Sie müssen oft ihre eigenen Unterrichtsmaterialien und -methoden entwickeln, die in Bezug auf Qualität und Anwendungwirksamkeit sehr unterschiedlich sein können.

Strukturell ist das deutsche Bildungssystem nicht in der Lage, staatenlose Sprachen effektiv zu fördern. Der bestehende Rahmen für den Unterricht in den Herkunftssprachen ist auf bilaterale Abkommen und staatliche Förderung ausgelegt, wodurch Kurdisch ausgeschlossen wird. In politischer Hinsicht führt die Verbindung der kurdischen Sprache mit umstrittenen Themen in ihren Herkunftsländern zur Vermeidung, Zurückhaltung oder Widerstand seitens der Bildungsbehörden und politischen Entscheidungsträger in Deutschland.

In der Gesellschaft stehen kurdischsprachige Schüler*innen und ihre Familien oft vor Integrationsproblemen, die durch die Marginalisierung ihrer Sprache noch verstärkt werden. Die fehlende institutionelle Unterstützung für den kurdischen Unterricht kann die soziale und akademische Entwicklung kurdischer Schüler*innen behindern, was sich auf ihre allgemeinen Bildungsergebnisse auswirkt.

In sprachlicher Hinsicht stellt die Vielfalt der kurdischen Sprache selbst eine zusätzliche Herausforderung dar. Kurdisch hat mehrere Dialekte, darunter Kurmandschi, Sorani und Zazakî, was die Entwicklung von standardisierten Lehrmaterialien und Lehrplänen erschweren kann. Diese dialektale Vielfalt erfordert von den Lehrer*innen Flexibilität und Kreativität und Schaffenskraft, oft ohne angemessene Ausbildung oder Ressourcen.

4. Gemeinschaftswiderstand und Advocacy

Trotz der zahlreichen Herausforderungen, mit denen die kurdische Sprache im deutschen Bildungssystem konfrontiert ist, hat die kurdische Gemeinschaft beharrliche Widerstandsfähigkeit und Entschlossenheit beim Eintreten für ihre sprachlichen und kulturellen Rechte gezeigt. Dieser Abschnitt untersucht die verschiedenen Wege, auf denen kurdische Lehrer*innen, Gemeindeorganisationen und Eltern sich gegen Marginalisierung und Kriminalisierung wehren und sich für den Erhalt und die Förderung des kurdischen Sprachunterrichts einsetzen.

*4.1 Initiativen von Lehrer*innen*

Sprachlehrer*innen spielen trotz begrenzter institutioneller Unterstützung eine zentrale Rolle bei der Aufrechterhaltung und Förderung der kurdischen Sprache. Viele Lehrer*innen gehen über ihre offiziellen Pflichten hinaus, um ein bereicherndes Lernumfeld für ihre Schülerinnen zu schaffen. Ein Lehrer erzählte von seinen Erfahrungen:

> „Ich verbringe einen großen Teil meiner privaten Zeit mit der Entwicklung von Curricula und der Erstellung von Unterrichtsmaterialien in kurdischer Sprache. Es gibt keine vorgefertigten Materialien, also müssen wir innovativ und einfallsreich sein. Es ist eine Herausforderung, aber wenn man die Fortschritte und den Enthusiasmus der Schüler*innen sieht, lohnt es sich.“ (Interview 1, Mai 2023)

Diese Lehrkräfte bilden häufig informelle Netzwerke, um Ressourcen und Strategien auszutauschen, sich gegenseitig zu unterstützen und ihre gemeinsame Unterrichtspraxis zu verbessern. Diese Netzwerke sind von entscheidender Bedeutung für die Aufrechterhaltung der Qualität des kurdischen Sprachunterrichts und die Förderung eines Gemeinschaftsgefühls unter den Lehrkräften.

4.2 Gemeinschaftliche Organisationen

Gemeinschaftsorganisationen haben sich an vorderster Front für die Rechte der kurdischen Sprache eingesetzt und zusätzliche Bildungsprogramme angeboten. Yekmal beispielsweise bietet neben seinen zweisprachigen kurdisch-deutschen Kindergärten in Berlin auch Wochenendkurse, Kulturworkshops und Bildungsprojekte an, um kurdischen Kindern im Schulalter den Zugang zu ihrer Herkunftssprache zu ermöglichen. Darüber hinaus engagieren sich weitere Standorte von in Bremen, Essen, Bielefeld, Herford, Mainz und Bad Kreuznach für den kurdischen Sprachunterricht an Schulen. Auch andere kurdische Gemeindeorganisationen in verschiedenen Städten Deutschlands organisieren Aktivitäten und Angebote, um Eltern für die Sprache zu sensibilisieren und ihre Kinder für den Kurdisch-Unterricht an den Schulen zu gewinnen. Viele dieser Organisationen setzen sich auch auf lokaler und nationaler Ebene für politische Veränderungen und eine stärkere Anerkennung der Rechte der kurdischen Sprache ein. Sie arbeiten auch mit anderen Sprachgemeinschaften zusammen, um ihrer Stimme mehr Gewicht zu verleihen und politische Debatten zu beeinflussen.

4.3 Elterliche Mitwirkung

Es ist möglich, die Einstellung der Eltern zum Kurdisch-Unterricht in drei Gruppen zu kategorisieren. Die größte Gruppe kurdischer Eltern besteht wahrscheinlich aus denjenigen, die nicht wissen, dass es Kurdisch-Unterricht gibt, weder in Schulen noch in Gemeindeorganisationen. Die meisten dieser Eltern suchen auch nicht aktiv nach Möglichkeiten, ihre Kinder zu beschäftigen, damit sie Lese- und Schreibfähigkeiten in Kurdisch erwerben. Die zweite, kleinere Gruppe von Eltern ist misstrauisch, wenn es darum geht, ihre Kinder zum Kurdisch-Unterricht zu schicken, weil sie befürchten, dass sie oder ihre Kinder entweder in Deutschland oder bei Reisen in ihre Herkunftsländer mit politischen Repressalien konfrontiert werden könnten. Die dritte Gruppe umfasst diejenigen Eltern, für es für wichtig erachten, dass ihre Kinder mit einer hohen Sprachkompetenz aufwachsen und entsprechend in Kurdisch lesen und schreiben lernen. Diese Eltern sind sehr daran interessiert, ihr sprachliches und kulturelles Erbe zu erhalten. Sie übernehmen oft eine aktive Rolle in der Bildung ihrer Kinder, sowohl innerhalb als auch außerhalb des formalen Schulsystems. Ein Elternteil erzählte folgendes von ihren Bemühungen:

> „Wir sorgen dafür, dass unsere Kinder zu Hause Kurdisch sprechen und die Bedeutung ihres Erbes verstehen. Wir nehmen auch an Gemeindeveranstaltungen teil und melden sie zu Wochenendsprachkursen an. Für uns ist es wichtig, dass sie mit Stolz auf ihre Identität und ihre Sprache aufwachsen." (Interview 6, Mai 2023)

Einige dieser Eltern setzen sich auch für den kurdischen Sprachunterricht in Schulen ein, nehmen an Treffen der Schulbehörde teil und arbeiten mit Lehrer*innen und Verwaltungsbehörden zusammen, um kurdische Sprachprogramme einzuführen. Ihre hartnäckigen Bemühungen haben dazu geführt, dass in einigen Schulen Kurdisch-Unterricht eingeführt wurde, wenn auch nur in begrenztem Umfang.

5. Erfolge und anhaltende Herausforderungen

Trotz gewaltiger Herausforderungen haben die Bemühungen der kurdischen Gemeinschaft zu greifbaren Erfolgen geführt. Einige Schulen haben begonnen, Unterricht in kurdischer Sprache anzubieten. Das Bewusstsein sowie die Unterstützung für die Rechte der kurdischen Sprache nehmen in breiteren Teilen der Gesellschaft zu. Dennoch bleiben erhebliche Barrieren bestehen. Die Staatenlosigkeit der Kurd*innen und die Politik der Türkei sind nach wie vor die beiden größten Hindernisse für die weitere Anerkennung und Förderung der kurdischen Sprache in Deutschland. Andererseits behindern Probleme wie das nicht bestehen offiziellen Vertreter*innen der kurdischen Sprache., das Fehlen von akademischen Institutionen oder Universitätsfakultäten, die sich auf Kurdisch spezialisieren. Weitere Hürden sind Schwierigkeiten bei der Einhaltung eines standardisierten Lehrplans für den Kurdisch-Unterricht, unzureichende finanzielle Mittel und der fehlende politische Wille eine vollständige Integration der kurdischen Sprachausbildung in das deutsche Bildungssystem zu gewährleisten.

Die Resilienz und proaktive Haltung der kurdischen Gemeinschaft geben einen hoffnungsvollen Ausblick auf die Zukunft. Indem sie sich weiterhin für ihre sprachlichen Rechte einsetzt, positive Entwicklungen nicht aus den Augen verliert, kann die kurdische Gemeinschaft in Deutschland den Weg für eine inklusivere und gerechtere Sprachenpolitik ebnen, die die sprachlich-kulturelle Vielfalt in Deutschland respektiert und würdigt.

6. Diskussion und Schlussfolgerung

Die Herausforderungen, denen sich die kurdische Sprache im deutschen Bildungssystem gegenübersieht, sind bezeichnend für allgemeinere Probleme, die gemeinschaftliche und staatenlose Sprachen weltweit betreffen. Die Marginalisierung und Kriminalisierung des Kurdischen in Deutschland spiegelt ähnliche Muster wider, die in anderen Kontexten beobachtet werden, in denen Minderheitensprachen systematisch benachteiligt werden (Heller 1999; Skutnabb-Kangas 2012; May 2013; Kroskrity 2010, 2015).

Diese Ergebnisse unterstreichen die Notwendigkeit einer inklusiveren und gerechteren Sprachenpolitik, die die spezifischen historischen, politischen und sozialen Kontexte von Minderheiten- und staatenlosen Sprachen anerkennt und berücksichtigt. Eine solche Politik sollte über symbolische Gesten hinausgehen und aktiv daran arbeiten, die strukturellen Barrieren zu beseitigen, die Sprachhierarchien aufrechterhalten. Dazu gehören die Bereitstellung angemessener Finanzmittel, die Entwicklung standardisierter Lehrpläne und das Angebot von Weiterbildungsmaßnahmen für Lehrer*innen von Minderheitensprachen.

Darüber hinaus muss das deutsche Bildungssystem einen flexibleren Ansatz für den Sprachunterricht wählen. Die Anerkennung der sprachlichen Vielfalt innerhalb von Sprachen wie dem Kurdischen und die Berücksichtigung seiner Variationen (Dialekte) ist entscheidend für die Förderung eines inklusiven Bildungsumfelds. Dieser Ansatz steht im Einklang mit dem Konzept des Translanguaging von García und Wei (2014), das für ein dynamisches und fließendes Verständnis von Zwei- und Mehrsprachigkeit plädiert.

Literatur

Cummins, J. (2001). Bilingual children's mother tongue: Why is it important for education? Sprogforum, 19(7), 15–20.

Derince, Ş. (2022). Great Expectations, Trivialised Gains: A Critical Enquiry into Kurdish Heritage Language Teaching in Berlin. Kurdish Studies, 10(2), 121–141.

Derince, Ş. (in Kürze). Kurdish Heritage Language Teaching in Germany: Gains, Challanges and Prospects. To appear in: Contact and Multilingualism Series – by Language Science Press

Engin, K. (Hrsg.) (2019). Kurdische Migrant_innen in Deutschland: Lebenswelten, Identität, politische Partizipation. Kassel: Kassel University Press.

García, O./Wei, L. (2014). Translanguaging: Language, Bilingualism and Education. Palgrave Macmillan.

Gogolin, I. (2022). Linguistic and cultural diversity in Europe: a challenge for educational research and practice, European Educational Research Journal 1–124.

Hassanpour, A. (1992). Nationalism and Language in Kurdistan, 1918–1985. Edwin Mellen Press.

Heller, M. (1999). Linguistic Minorities and Modernity: A Sociolinguistic Ethnography. Longman.

Hofmann, M. (2019). Kurdistan… von Anfang an. Tîr Verlag.

KMK (Kultusministerkonferenz) (2013). Interkulturelle Bildung und Erziehung in der Schule (Beschluss der Kultusministerkonferenz 1996 i. d. F. vom 5.12.2013). [https://www.kmk.org/fileadmin/Dateien/pdf/Bildung/AllgBildung/2017-05-11-Berichte_Interkulturelle_Bildung.pdf; Accessed on May 15, 2020.

Kroskrity, P. V. (2015). Language ideologies: Emergence, elaboration, and application. In The Routledge handbook of linguistic anthropology (pp. 95–108). Routledge.

May, S. (2013). Language and minority rights: Ethnicity, nationalism and the politics of language. Routledge.

Ozmen, Z. (2010). Kurdên Almanyayê. Weşanên Ronahî.

Ricento, T. (2006). An Introduction to Language Policy: Theory and Method. Blackwell Publishing.

Skubsch, S. (2002). Kurdische migration und deutsche (Bildungs-)Politik. Münster.

Skutnabb-Kangas, T./Phillipson, R. (2010). The global politics of language: Markets, maintenance, marginalization, or murder? The handbook of language and globalization, 77–100.

Skutnabb-Kangas, T. (2012). Linguistic human rights. in Lawrence M. Solan, and Peter M. Tiersma (eds.), The Oxford Handbook of Language and Law (2012; online edn, Oxford Academic, 21 Nov. 2012), https://doi.org/10.1093/oxfordhb/9780199572120.013.0017, accessed 25 June 2024.

Verzeichnis der Autor*innen

Münevver Azizoğlu-Bazan, Stipendiatin und Mitarbeiterin im Forschungsprojekt Frauenbewegungen im innertürkischen Vergleich.

Dr. *Seyran Bostancı*, leitete die Kurzstudie „Rassismus in der Kita" im Nationalen Diskriminierungs- und Rassismusmonitor (NaDiRa).

Dr. *Rosa Burç*, koordiniert das Projekt „Intermigrantische Rassismen und Solidaritäten" im Nationalen Diskriminierungs- und Rassismusmonitor (NaDiRa) am DeZIM Institut.

Günay Darici, Dipl.-Sozialpädagogin, Geschäftsführerin der Yekmal Akademie und von Yekmal e. V.

Şerif Derince, Leiter der Yekmal Akademie, Doktorand an der Universität Potsdam, forscht über den Unterricht der kurdischen Sprache in Deutschland.

Prof. Dr. *Kenan Engin*, Politikwissenschaftler, Autor und Hochschuldozent.

Merih Ergün, Leiter des Centrums für intersektionale Diversität von Yekmal e. V. und Experte für Antidiskriminierung und antikoloniale Bildung.

Prof. Dr. *Çinur Ghaderi*, Professur an der EvH Bochum; Lehrgebiet Psychologie, Fachbereich Soziale Arbeit.

Matthias Hofmann, Dipl.-Pädagoge, Fortbildner mit *weißen* Menschen zum Thema Rassismus und Antidiskriminierung, Gründer des tîr-verlags. Forschungsthemen: Kurdische Geschichte und Freie Alternativschulen.

Prof. Dr. *Emra Ilgün-Birhimeoğlu*, Professur für Migration, Integration und Partizipation an der FH Dortmund, University of Applied Sciences and Arts.

Dr. *Dastan Jasim*, Politikwissenschaftlerin am German Institute for Global and Area Studies.

Diren Yeşil promoviert zu Rassismuserfahrungen von Kurd*innen in Deutschland – mit einem Fokus auf die Funktionen und Effekte des (Nicht)Sprechens über antikurdischen Rassismus in den Bildungswirklichkeiten der Migrationsgesellschaft.

Esra Yula, Wissenschaftliche Mitarbeiterin am DeZIM Institut und im Projekt „Intermigrantische Rassismen und Solidaritäten" im Nationalen Diskriminierungs- und Rassismusmonitor (NaDiRa).